CREAK

CREAK

CREAK

‹바이시클 프린트›는 자전거 문화 무크지의 새로운 이름입니다. 자전거로 표상되는 라이프 스타일이 절실하게 요청된다고 하겠지요. '더 빨리', '더 많이'를 추구하는 이 사회에서 느린 속도의 자전거는 아름답기도 하고, 필요하기도 하며, 무엇보다 소중하다고 생각합니다.

자전거 타는 사람들의 이야기를 발굴하고, 예찬하고, 전파하는 것. ‹바이시클 프린트›의 간단한 사명입니다. 신제품 자전거에 대한 상세 정보 보다는 당신의 영감을 자극하는, 빛나는 이야기에 관심을 가질 겁니다.

‹바이시클 프린트: 도시와 자전거 생활›를 펴냅니다. 자전거를 타는 사람들 8명의 이야기와 암스테르담 등 6개 도시의 자전거 이야기를 담았습니다. 당신이 자전거를 가지고 있지 않다면, 어느 소박한 자전거 하나 구하도록 권하는 내용이길 바라봅니다.

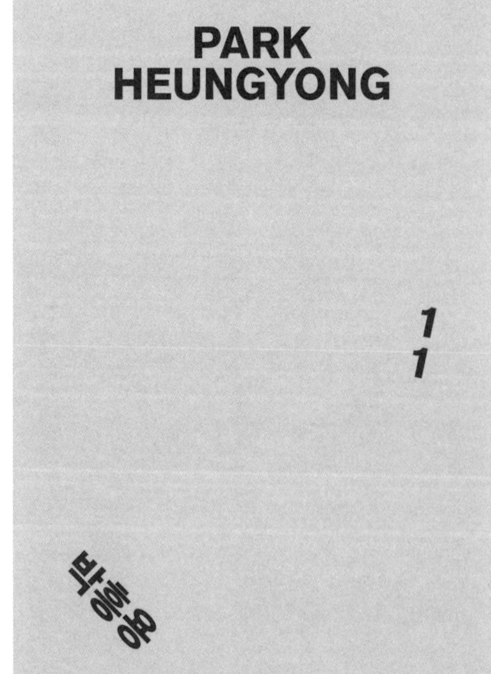
PARK
HEUNGYONG
1
1
박흥용

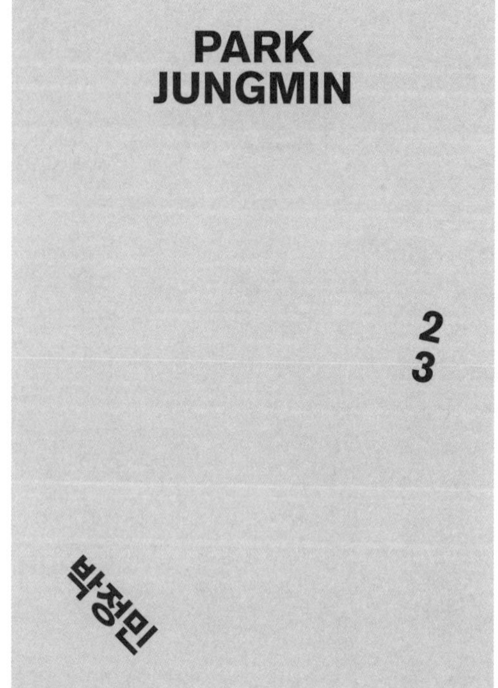
PARK
JUNGMIN
2
3
박정민

CHOUNG
WOONG
7
3
정웅

BIKE BUS
8
7
바이크
버스

CONTENTS

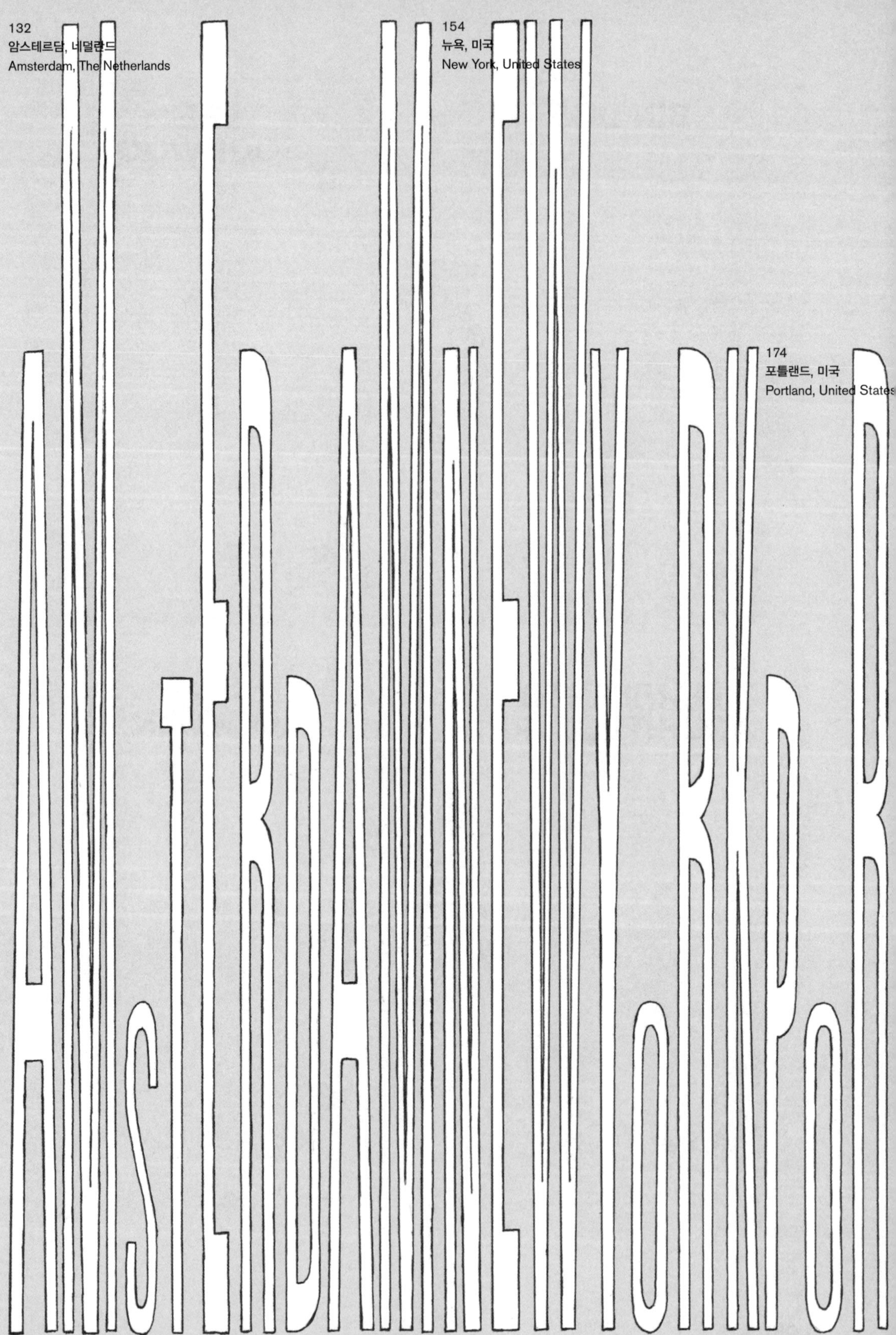
132
암스테르담, 네덜란드
Amsterdam, The Netherlands
154
뉴욕, 미국
New York, United States
174
포틀랜드, 미국
Portland, United States

BICYCLE & THE CITY

도시와 자전거

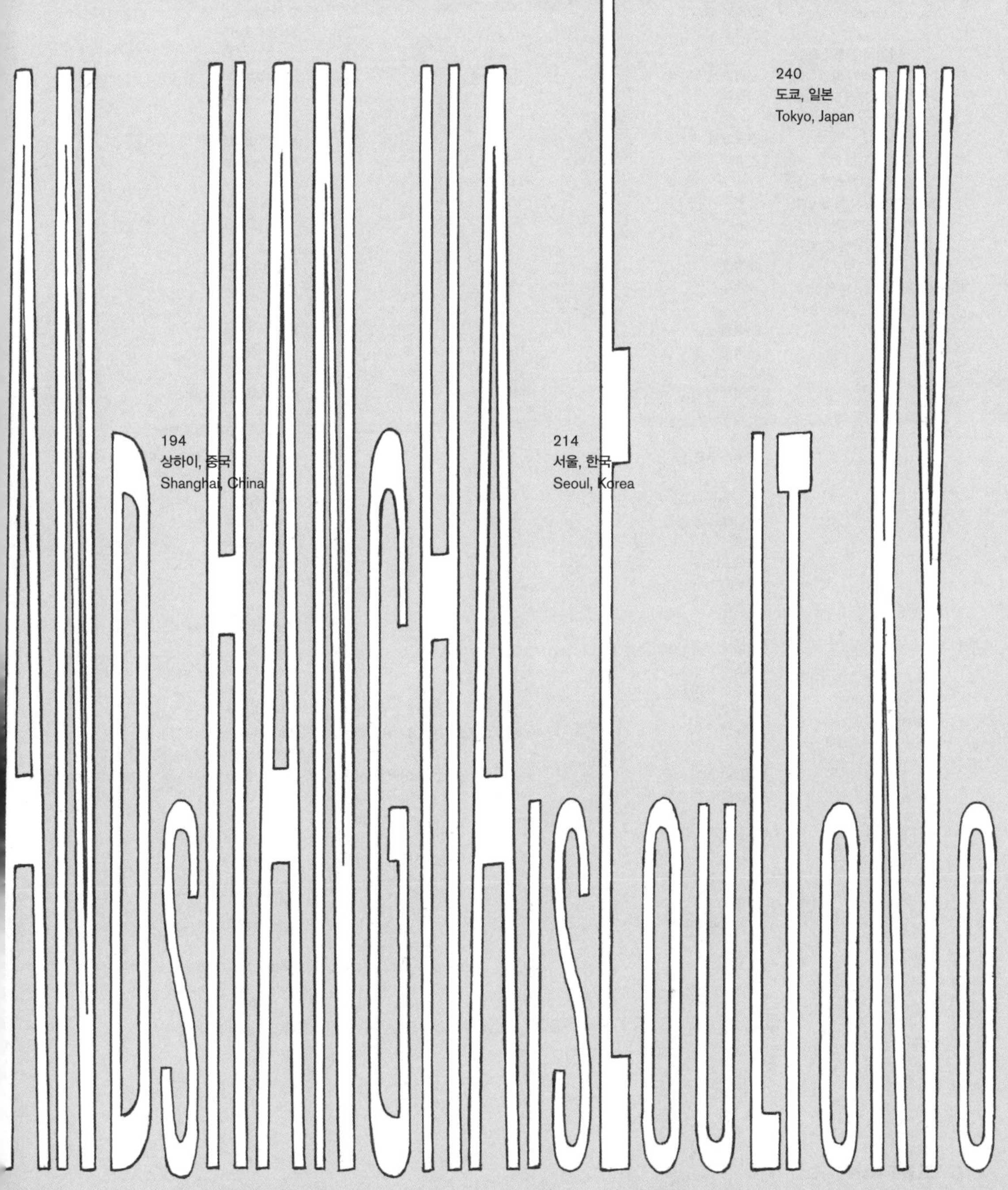

바이시클 프린트 :
도시와 자전거 생활

등록번호 파주-사 0002
2013년 6월 10일 발행

프로파간다
경기도 파주시
파주출판도시 498-7
T. 031-945-8459
F. 031-945-8460
www.graphicmag.co.kr

‹바이시클 프린트›는
프로파간다 프레스가 발행하는
자전거 문화 무크지입니다.
www.graphicmag.co.kr

ISBN 978-89-98143-08-4
ISSN 2288-2944

발행인 겸 에디터
김광철

기획
신덕호
이광무
이아람

에디터
이아람

그래픽 디자인
신덕호

일러스트레이터
이광무

포토그래퍼
김경태

번역
정은주

교정
박은주

마케팅
최미정

관리
유현숙

컨트리뷰터
강문식
닐스 클라우스
매니페스토 건축
민경현
바이크버스
박정민
박흥용
빈도해
양윤모
에스더 안
월넛 스튜디올로
이다 킴머
이순우
정웅
제프리 키더
팩토리5

도움
두부공

인쇄
신사고 하이테크

용지
동방페이퍼㈜

BICYCLE PRINT :
BICYCLE LIFE & THE CITY

propaganda press
498-7 PajuBookCity, Paju-si,
Gyeonggi-do, Korea
T. 82-31-945-8459
F. 82-31-945-8460
www.graphicmag.kr

Publisher & Editor
Kim Kwangchul

Concept
Lee Aram
Lee Kwangmoo
Shin Dokho

Editor
Lee Aram

Design
Shin Dokho

Illustration
Lee Kwangmoo

Photographer
Kim Kyungtae

Translation
Jeong Eunju

Proofreader
Park Eunjoo

Marketing
Choi Mijeong

Administration
Ryu Hyunsook

Contributors this issue
Bike Bus
Bin Doe
Choung Woong
Esther Ahn
Factory 5
Gang Moonsick
Ida Kymmer
Jefferey L. Kidder
Lee Soonwoo
Manifesto Architecture
Min Gyunghyun
Nils Clauss
Park Heungyong
Park Jungmin
Walnut Studiolo
Yang Yoonmo

Special Thanks
Dooboogong

Printing
Sinsago Hi-tech Co., Ltd

Paper Supplying
Dongbang Paper Co. Ltd.

Printed in Korea

30

PARK HEUNGYONG

11

콰콰

카콰

어른 자전거 안장에 앉으면 발이 페달에 닿지 않아,
70년대 아이들은 프레임 안에 한쪽 다리를 넣어 자전거를 움직였다.

만화가 박흥용의 ‹내 파란 세이버›는 질풍노도와 같던 한국의 60~70년대 시골 마을을 배경으로 한 소년이 자전거를 타면서 겪는 도전과 승부를 그린 애틋한 성장 드라마이다. 주인공 쌕쌕이는 날고 싶은 자신의 꿈을 자전거 시합을 통해 이루려 하지만 시궁창 같은 현실의 벽은 높기만 하다. '세이버'는 6·25 당시 쌕쌕이라 불리던 미국산 F-86 제공 비행기를 일컫는다. 박흥용은 자신의 창작활동을 가리켜 "약자인 자와 내 이웃이 살고 있는 세상을 본 대로, 들은 대로 기록하는 일"이라고 말한다. 박흥용이 ‹내 파란 세이버›에 기록한 것은 잃어버린 시간에 대한 향수와 추억, 청춘들의 땀과 좌절, 그럼에도 날고 싶은 꿈을 포기할 수 없었던 세대의 꿈 같은 것들이다.

박흥용 1981년 ‹돌개바람›으로 만화계에 데뷔한, 한국의 대표적인 작가주의 만화가 중 한 명이다. 오랜 준비기간을 걸친 철저한 자료조사를 바탕으로 완성도 높은 작업을 선보인다. 대표작으로는 ‹무인도›, ‹백지›, ‹구르믈 버서난 달처럼›, ‹내 파란 세이버›, ‹경복궁 학교›, ‹그의 나라›, ‹호두나무 왼쪽 길로›, ‹검›, ‹쓰쓰돈 돈쓰 돈돈돈쓰 돈돈쓰›, ‹빛 Phos› 등이 있다.

자전거를 주제로 작업하게 된 계기를 설명해 달라.
나와 자전거의 관계라고 해봤자, 자전거를 주제로 만화책을 그린 것밖에 없다. 자전거도 없다. 자전거를 테마로 작업한 계기는 아주 간단하다. 오래전부터 오토바이를 탔다. 오토바이를 타고 양평에 가는 길이었는데 사이클 선수들이 일렬로 내 뒤를 따라오는 것이다. 왜 그런가 나중에 알았다. 오토바이 뒤에 바싹 붙어 바람 저항을 피하려는 것이었다. 오토바이로 시속 100km 가까이 달렸다. 1~2분 정도 따라붙는 걸 보고 놀라서 뒤를 돌아봤다. 프로들이었는지 허벅지 근육이 일반인 허리만 했다. 페달을 내려 찍는 그 근육이 막 꿈틀대는 것도 대단했다. 당시 생명이라는 주제로 고민하고 있었는데 그림쟁이 눈에는 그것만 보였는지 사이클 선수들 허벅지를 보면서 생명이 이미지화되더라. 생명이라는 것이 구체적으로 말할 수 없지만 꿈틀대는 근육 같은 게 아닐까 하는 생각이 들었다.

자전거에 대한 전문 지식이 없으면 그리기 힘든 만화인데.
당연히 헌팅을 해야 한다. 이야기감을 찾을 때 기자는 취재한다고 하지만 만화가는 '헌팅'이라는 말을 쓴다. 소재를 찾으러 갔다가 못 얻고 오는 경우가 허다하게 많다. 경기도 의정부에 벨로드롬(주로를 비탈지게 만든 사이클 전용 경기장)이 있다. 아마추어 중·고등학교 선수들을 만나고 국제심판 K씨도 만나고, 상당한 자료를 쓸어 담았다.

헌팅 과정에 대해 좀 더 설명해 달라.
지식이 없을 때는 그냥 무작정 간다. 그런데 어느 분야든지 전문가에게 뭔가 얻어내는 것이 쉬운 일이 아니다. 가령 국악 명인을 만나도 순순히 노래를 하거나 이야기를 들려주지 않는다. 게다가 전문가는 아무나 질문하면 마주앉아 얘기를 해줄 만큼 시간이 넉넉하지 않다. 그들을 만날 때는 대화가 통하도록 해당 분야의 공부를 얕게라도 해야 한다. 자전거와 관련된 책을 모조리 읽고, 오래된 자전거포(자전거를 팔거나 수선하는 가게)를 방문해 오래 일하신 분들에게 이야기를 들었다. 자전거 훈련생이 다니는 중·고등학교에 찾아가 선수들을 만나기도 했다. 처음 벨로드롬에 갔을 때 다들 무슨 말을 하는지 전혀 모르겠더라. 한 3개월 벨로드롬에 다니면서 코치들이 멀리서 소리치며 내뱉던 '쳐쳐쳐'가 나중에 상대 선수를 밀어내라는 신호라는 것을 알았다. 선수들이 벨로드롬 코너를 돌 때 경사각이 있어서 그쪽에 앉아 있는 관중이 카메라를 들이대고 있으면 선수 얼굴과 거의 근접하게 된다. 그 짧은, 위험한 순간에도 선수가 카메라 치우라는 액션을 취하기도 한다. 자기들끼리 욕하는 소리도 다 들린다. 축구장에 있다가 야구장에 가면 안방 같은 느낌이 드는데 벨로드롬은 야구장보다 작아서 관중석에서도 체인 돌아가는 소리, 페달 밟는 소리, 거친 숨소리까지 다 들린다. 보는 사람이 긴장할 정도이니 타는 사람의 긴박감은 얼마나 클까. 스프린트(단거리를 전력으로 달리는 것)를 할 때 근육 뭉친 것을 옆에서 보면 놀라울 정도다.

이미지: 바다출판사 제공(12~20P)

사이클 선수의 자세를 표현하는 게 쉽지 않았을 것 같다.
사이클 할 때는 자세가 일반적인 액션과 완전히 달라진다. 선수를 정면에서 보면 어깨와 등이 보인다. 어떻게 하면 선수들이 핸들 아래로 머리를 처박고 전력으로 달리는 것을 표현할 수 있을지 많이 고민했다.

‹내 파란 세이버›. 1998년부터 2000년까지 ‹영챔프›에 연재된 만화.

첫 고등부 시합 에피소드에서 엄청난 덩치의 선수와 주인공이 겨룬다. 무게감과 양감이 실감나던데.
현장에서 선수를 바로 옆에서 보면 그런 느낌이 난다. 관중석에 앉아서 선수를 볼 때 그렇게 크다는 느낌이 안 드는데 선수 바로 옆에 같이 서면 체격이 주는 거대함이 엄청나다. 단순히 큰 체격이 아니라 자기가 타고 있는 자전거를 팔뚝과 다리로 구겨 버릴 것 같은 느낌이다. 벨로드롬에서 타는 기종은 막기어 자전거(기어가 없는 자전거. 픽스드 자전거, 줄여서 픽시라고 함)이다. 체중을 실어 페달을 밟는 것을 자기들 말로는 페달을 '때린다'고 한다. 페달을 밟는 게 아니라 쳐 때린다고. 괴물 같은 체력으로 페달 때리는 장면이 장관이다. 벨로드롬을 타는 단거리 선수를 토커(회전력 위주의 힘으로 타는 선수)라고 한다. 그들은 짧은 거리를 폭발적으로 달려야 하니까, 근육이 발달할 수밖에 없다. 선수들이 걸을 때 신발 밑창에서 따각따각 소리가 난다. 여자 선수들이 그렇게 걸으면 정말 매력 있어 보인다.

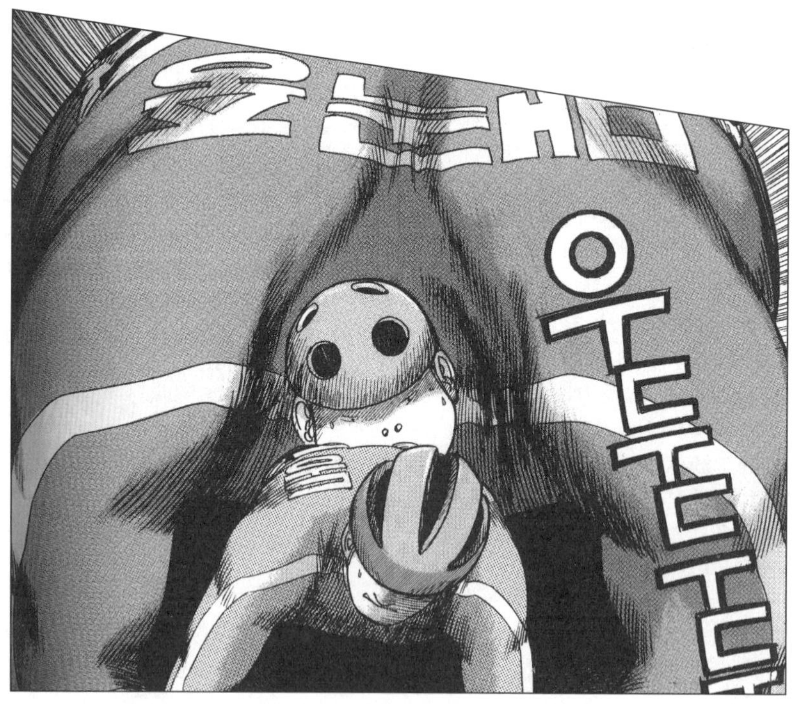

쌕쌕이라는 별명을 가진 주인공 최대한(앞)과 매곡중 골리앗 차봉태 선수의 경주.

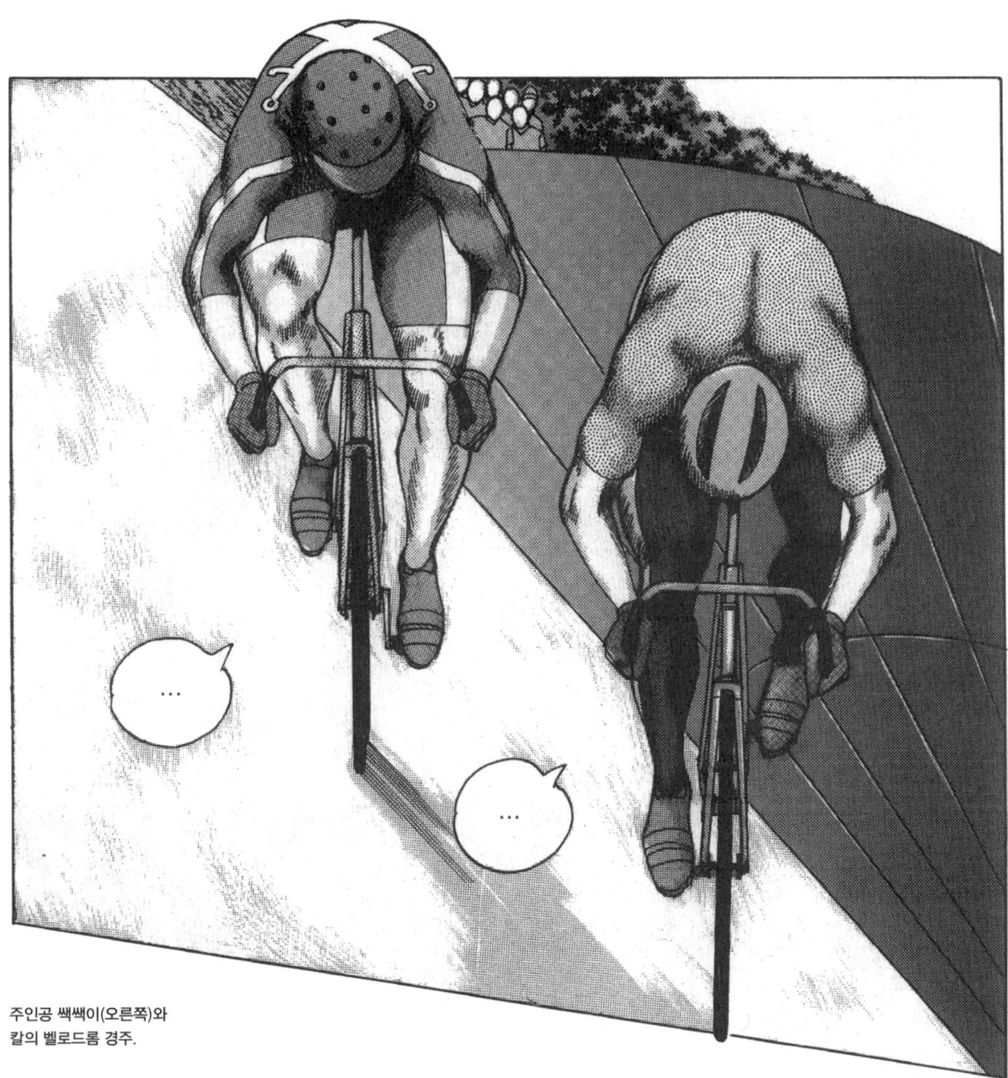

주인공 싹싹이(오른쪽)와
칼의 벨로드롬 경주.

자전거에 대한 묘사가 단단하고 딱 부러지는 인상을 준다.

실제로 자전거를 그리려면 더 세밀하고 치밀하게 그려야 한다. 그런데 자전거를 잘 그리는 후배들이 없더라. 자전거가 주인공인 그림을 그려 본 적이 없었으니까. 결국 자전거는 전부 내가 그렸다. 자전거를 묘사할 때 아주 세밀한 부분들, 가령 타이어 모양이나 햇빛에 반사되어 빛나는 바퀴살과 프레임, 이런 것까지 신경 쓰지는 못했다. 60~70년대 당시에는 아동용 자전거라는 게 없었다. 자전거는 값비싼 물건인데, 수요가 적어서 아동용을 따로 만들 수 없었다. 키 작은 아이들이 어른 자전거 안장에 앉으면 발이 페달에 닿지 않는다. 그래서 한쪽 발을 다이아몬드 프레임 사이에 넣어 양쪽 페달에 발을 딛고 위아래로 페달을 탁탁 밟으면서 앞으로 간다. 한 손은 핸들, 한 손은 안장을 잡고. 아이들이 타기에는 너무 무겁고 큰 자전거였다. 내가 어렸을 적에 어른들이 애들을 자전거에 태울 때 안장이 아니라 프레임 수평 바에 앉혔는데 자전거를 배운 적이 없는 형이 그렇게 혼자 타던 것을 본 기억이 난다. 스토리를 쓸 때, 자전거 프레임에서 탑튜브(다이아몬드 프레임의 상단 파이프)를 내려 용접한다면 애들이 자전거를 쉽게 탈 수 있겠다 싶어, 주인공 싹싹이가 어릴 때 타는 탑튜브가 낮아진 자전거를 그리게 된 것이다.

당시 자전거를 소유한 가정이 얼마나 됐을까?
당시에는 오히려 주 교통수단이 자전거였다. 지금도 지방에선 먼 거리가 아니면 다들 자전거를 타고 다닌다. 그때 아버지들에겐 자전거가 지금 자가용처럼 재산 목록 1호였다. 지방에서는 아버지들이 자전거를 한 대씩 가지고 있으니까 애들은 아버지 자전거를 타거나 훔쳐서 탔다. 어떤 애가 자전거를 끌고 나오면 아버지 자동차를 끌고 나온 것과 마찬가지였다. 자전거 페달을 돌릴 때 나는 체인 소리 때문에 들켜 혼나기도 하고, 과수원 서리할 때는 과수원 주인의 자전거 타이어 바람을 미리 빼놓는 경우도 있었다. 형들에게 자전거를 뺏기지 않으려고 미리 살짝 타이어 바람을 빼놓고 '펑크 났어' 그러고. 깨알 같은 이야기들이 참 많다.

자전거포가 그때 많이 있었나?
집집마다 자전거가 있었고 그만큼 수리해야 할 일이 많았으니까. 펑크 난 거 때우는 것은 동네 애들도 할 수 있을 정도였다. 자전거를 잘 만드는 사람, 자전거를 그때그때 잘 개조하는 손재주가 좋은 사람들에 대한 이야기도 헌팅하며 알았다. 요즘은 신문을 구독하면 자전거가 딸려 오는 세상이다. 당시에는 자전거가 귀해서 대물림하기도 했다. 이런 자전거를 내 몸에 맞게 개조해야 하는데, 이런 기술력이 자생적으로 생겨날 수밖에 없었다. 동네의 전설적인 자전거포 주인도 있었고, 개조할 때 몇 가지 제한이 있긴 했지만 그 한도에서 나만의 자전거를 만드는 일이 비일비재했다.

회동리 단오 잔치 도로 사이클 대회.
과거에는 자전거 경주에 참여할 때
자전거 종류의 제한이 없었다.

박흥용 작가 작업실. 벽에 붙은 스케치는 화실 멤버들과
함께 작업 중인 김홍신 작가의 대하소설 ‹대발해›.

와
아
아
아
아

3선 개헌 반대운동 삽화. 박흥용은 이 만화에서 등장인물의
성장 과정과 당시 시대상을 교차하면서 보여 준다.

‹내 파란 세이버›에서 주요 인물들은 지방의 애들이 그랬던 것처럼 자전거를 타며 자란다. 그들의 자전거는 그들 몸에 맞게 개조한 것이라는 설정이 자연스럽게 나왔다. 또 하나, 그때는 사이클이라는 기종이 들어온 지 얼마 안 된 시기여서, 가령 삼일절 기념 사이클대회에도 일반 자전거를 가지고 시합에 나갈 수 있었다. 자전거에 대한 별다른 규정이 없었기 때문에 큰 경기에서도 쌀집 짐자전거, 여성 자전거 등 각종 자전거가 쏟아져 나왔다.

‹내 파란 세이버›는 경륜 만화이기도 하다. 경륜이 합법적으로 시작된 것이 94년이다. 그전에도 경륜이 있었을까?
어느 소도시에서 동네 잔치처럼 벌어지는 경우가 있었을 것이라는 이야기를 전문가들이 한다. 이것도 헌팅을 다니면서 알게 된 것인데, 돈 베팅이 있었는지는 기록으로 남아 있지 않다. 당시 일본에 경륜과 베팅이 있었기 때문에 내기 좋아하는 도박꾼들에 의해 자생적으로 경륜이 벌어졌을 것이라 추측해 본다. 일본에선 전쟁 이후에 지방 소도시를 살리기 위해 경륜을 지방정부 차원에서 끌어들였다. 고쿠라(小倉) 시의 경우, 경륜관광 수익으로 먹고산 도시라고 한다.

만화에는 전태일 분신, 광주민주화운동 같은 70~80년대 한국 사회 모습이 파편처럼 흩어져 있다.
‹내 파란 세이버›는 생명에 대한 이야기이다. 생명이라는 것이 한 인간의 생명도 있지만 우리가 사는 공동체도 살아 움직이는 생명이라고 믿는다. 세상은 자꾸 변한다. 변화를 위한 사회적 욕구를 생명이라고 나름대로 정의했다. 이 사회의 변화라는 거대한 움직임을 밑에 깔고 개개인 삶의 소망 따위를 마음껏 펼쳐 보고자 했다. 이야기의 로드맵에서 벗어나지 않는 한 시공간을 최대한 활용하기 위해 우리 사회의 변화를 정신적으로 이끌고 간 민주화운동 같은 사례를 만화의 장치로 끌어들였다. 정보를 헌팅하면서 소재를 상당히 수집했지만 양이 너무 방대해서 가지치기를 할 수밖에 없었다. 굉장히 아까운 이야기가 많다. 가령 일제시절 활약하던, 한국의 자존심 엄복동 선수가 그렇다. 장충동 비포장 운동장에서 일본 선수들이 게임을 할 때 엄복동 선수가 등장하면 일본 선수들이 다 빠지는 일까지 있었다고 한다. 어느 경기에서는 한 바퀴 뒤처진 시합을 따라잡아 이겼다. 자전거 경기에서 한 바퀴를 뒤집는 것은 괴물 아니면 못한다. 그 정도로 잘 타는 선수였는데, 사이클 경기에 못 나오게 하려고 일본인들이 머리를 엄청

박흥용의 화실 식구들. 박흥용(앞줄 왼쪽)부터 시계 방향으로 최은미, 이미영, 김민중, 김재민, 김은희.

굴렸다는 얘기도 있다. 자전거를 몰래 부순다든지. 다시 생명이라는 주제로 돌아오면, 조금 어려운 용어로 '에덴회귀본능'(실낙원 후유증)이라는 것이 있다. 사람은 본능적으로 행복해지고 싶은 욕구를 가진다. 유토피아에 살아 보진 않았지만 그걸 누리고 싶다는 것이다. 사람만 그런 것이 아니라 공동체도 그렇다. 민주화나 자유에 대한 갈망이 에덴회귀본능과 맞아떨어지는 부분이 있다. 그래서 그런 운동이 일어날 수 있는 것이고, 실제로 일어나기도 했다. 확대된 공간에서 등장인물의 개인적 생명이 사회 전체의 생명과 맞닿도록 이야기를 엮었다.

당신이 이 책에서 말하고 싶었던 것은 결국 무엇인가?
이 책에서 나는 '혹시 사랑이 생명이 아닐까?'라는 질문을 던져 본 것이다. 종교적 뉘앙스를 넣어본 건데, 내가 기독교인이기도 하고 많은 책을 탐독하고 사람들의 얘기를 들어 보면서 결국 사랑이 생명이 아니겠느냐는 말을 하고 싶었다. 주인공 쌕쌕이는 자기가 당해야 할 사고를 대신해 죽은 어느 인물의 생명에 빚지고 살아간다. 죽은 사람의 생명을 얻어 사는 것의 무거움이랄까. 생명의 값이란 문제를 끄집어 낸 것이기도 하다. 백과사전에서 '생명'을 찾아 보면 학자들은 생명이 뭐가 뭔지 모르겠다고 말한다. 생물학적으로 말이다. 그렇다면 이 문제는 철학이나 종교가 맡아야 한다고 생각한다.

마지막으로 ‹내 파란 세이버›를 영화로 볼 수 있을까?
오랫동안 얘기는 무성했고, 한때 계약도 했지만 결국 영화화는 무산되었다. 현재 드라마 판권은 팔린 상태이니 언젠가 드라마로 볼 수 있을 것이다. 내 만화 중 영화화된 ‹구르믈 버서난 달처럼›의 경우, 영화가 엄청나게 흥행하지는 못했지만 책은 잘 팔렸다(웃음). '책이 더 재미있던데요'라는 소리가 정말 다행이다. 만화가 실제로 영화나 드라마를 만드는 데 필요한 제작비보다 훨씬 더 적은 돈으로 미리 시장을 확인해 보는 정탐꾼 구실을 할 수 있다. 영화나 드라마 산업이 판권을 만화에서 찾는 것은 좋은 현상이다. 만화가 대접을 좀 받아야 한다.

서울 강북구 수유동에 있는 이 화실은 박흥용 작가가 7년간 진행해온 만화 스터디 모임에 참여한 문하생과 후배들이 공동으로 작업하는 공간이다.

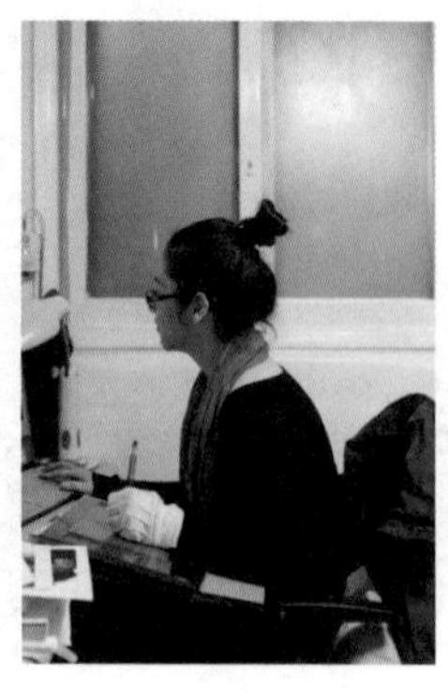

PARK JUNGMIN

2
3

박정민

작업대인 바이스와 박정민이 직접 만든 시트클램프 모양의 반지.
도쿄자전거디자인학교 학생들의 책상은 바이스 작업대이다.
바이스는 자전거 부품이나 프레임을 고정하고 작업할 수 있는 기구.

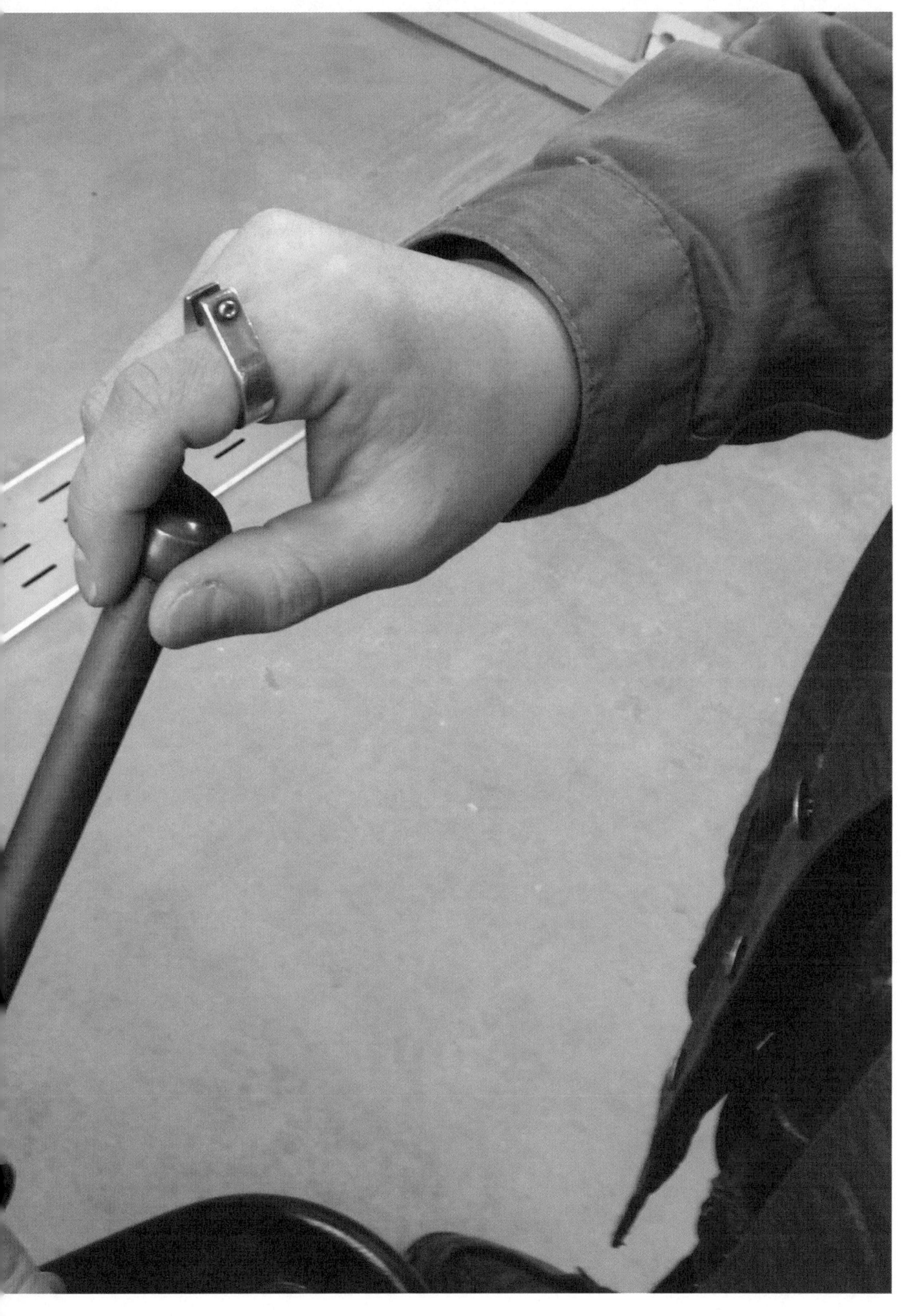

PARK JUNGMIN

박정민과 그가 만든 로드 완성차. 서울 문래동에 있는
도색 가게 '풍류'에서 초록색으로 막 도색했다.

박정민은 지난해 개교한 도쿄자전거디자인학교(Tokyo College of Cycle Design)의 첫 입학생이다. 이제 3년 코스 중 1년을 마쳤다. 귀금속 산업에 종사하는 부모의 피를 물려받은 데다, 그 자신이 손으로 만드는 작업에 매료되어 히코미즈노주얼리학교(Hiko Mizuno College of Jewelry)에서 1년 동안 수학한 후 자전거디자인학교에 들어갔다. 그간 연마한 주얼리 세공 기술을 자전거 부품 만들기에 적용하길 즐기는 그는 요즘 자신의 개성을 듬뿍 담은 자전거 만들기에 푹 빠져 있다. 그의 꿈은 언젠가 자신의 공방을 열어 고객과 오랜 시간 대화하면서 그들의 삶에 딱 들어맞는 하나뿐인 자전거를 만드는 것이다.

박정민 1987년생. 일본 히코미즈노주얼리학교에서 1년 수학한 후 현재 도쿄자전거디자인학교에 재학 중이다. 스무 살 무렵 자전거에 빠져, 미니벨로와 픽시(고정기어 자전거)를 경험했다. 지난해 로드 완성차를 처음 제작했다.

도쿄자전거디자인학교에 다닌다.

지난해 개관한 학교이다. 첫해여서 학교 측에서 솔직히 기대를 많이 하지는 않았는데, 반응이 놀라울 정도다. 동기가 모두 60명인데, 올해 입학생은 더 늘어났고 한국 학생도 다섯 명 들어온 것으로 알고 있다. 동기 중 한국 학생은 나를 포함해 세 명이다. 한 분은 건설 업계에서 일하다 그만두고 왔고, 다른 한 명은 나와 히코미즈노주얼리학교를 같이 다닌, 시계를 전공한 친구인데 내가 꼬드겨서 같이 왔다. 나이대도 10대부터 40대까지 다양하다.

학생들 배경은 어떤가?

아주 다양하지만 나처럼 공예·디자인 분야 출신은 드문 것 같다. 한 분은 컴퓨터산업 출신인데, 내 경우 프레임을 설계할 때 그래픽 프로그램으로 도면 작업을 하는 반면, 이분은 아예 설계 프로그램을 만들었다. 숫자만 입력하면 도면이 나오더라. 회사원 출신도 몇 명 있다. 학교 커리큘럼이 워낙 벅차고 작업량이 많아 대부분 중간에 회사를 그만두고 학교에 올인한다. 학생들 배경이 워낙 다양해서 참신한 자전거 디자인 방식을 보여 주는 경우가 많아 선생님들도 재미있어한다.

사람들이 왜 이 학교에 들어올까? 주요 교육내용은?

빌더(Builder, 자전거 제작자)가 되고 싶은 사람, 정비사(Mechanic)가 되어 자전거숍을 차리고 싶은 사람, 새로운 디자인을 하고 싶어 오는 사람으로 대략 나뉜다. 여러 커리큘럼이 있는데, 처음에는 다 같이 정비와 디자인, 빌딩을 배우고 학년이 올라가면서 각자 목표에 따라 세분화된 과목을 배우는 식이다. 그 가운데 나는 빌딩를 심화해서 하고 싶다. 각자 한 학기에 프레임 한 대 정도 만든다. 시간이 남아서 두 대 만드는 사람도 있다. 교육목표가 전문적인 자전거인(人)을 양성하는 것이어서 자전거 마케팅도 가르친다. 숍을 한다고 할 때, 순이익과 마진, 생산원가 같은 것이다. 이제 시작하는 학교이어서 학교 입장에서는 홍보를 중요시한다. 취재 요청도 많이 온다. 흰 가운을 입고 작업하는 모습은 전문적인 이미지를 준다. '가운을 꼭 입고 있어야 한다'고 항상 말한다. 처음에는 이런 식의 대외적인 이미지에 신경을 많이 써서 각을 잡기도 했는데, 지금은 약간 느슨해진 편이다.

수업은 실습 위주인가, 이론을 먼저 가르치는가?

실습 위주지만, 정비 코스는 이론 수업을 먼저 한다. 책과 영상자료를 먼저 익히고 난 뒤 선생님이 작업 과정을 보여 주면 학생들이 따라 하고, 평가 테스트를 한다. 제작(Building) 수업은 '만들어 보기'를 중요시한다. 주얼리도 그렇지만 제품을 만들기 위해선 설계를 해야 하는데, 고등학교를 갓 졸업한 사람이나 디자인 초보자는 이게 어렵다. 우리나라처럼 고등학생들이 미술학원에서 이미 트레이닝되어 오는 것과는 다르다. 그래서 학교는 '만들기'를 먼저 시킨다. 손으로 먼저 감을 익히는 것이다. 그렇게 하면서 디자인 기초 수업을 가르친다. 미술학원에서 처음 가르치는 것처럼 원근법, 색채 조합 같은 기본적인 것부터.

사진: 도쿄자전거디자인학교 제공(27~28P, 32~35P)

제작 실습에서 교수의 피드백은 어떤 식으로 이뤄지나?
좋다, 나쁘다 식으로 평가하지 않는다. 솔루션을 같이 구상하는 편이다. 예를 들면 (자신의 자전거를 보여 주며) 이것이 시트스테이(자전거의 다이아몬드 프레임 구조에서 뒷바퀴 쪽으로 연결된 프레임 부위)에 나무를 박은 건데, 이 문제로 상담한 적이 있다. 단순히 시트캡(시트트레이 끝부분 마감재) 대신 나무를 박으면 되겠지 하고 생각했지만, 선생님은 시트캡이 중요하지 않을 것 같으면서도 강도상 큰 역할을 하기 때문에 '강도에 문제가 생길 수 있으니 시트스테이 안에 보강제를 넣어 2단으로 해보는 것은 어떨까'라고 조언하더라. 방법을 같이 고민하는 편이다. '이건 해도 좋다, 이건 안 되니 하지 마라'가 아니라.

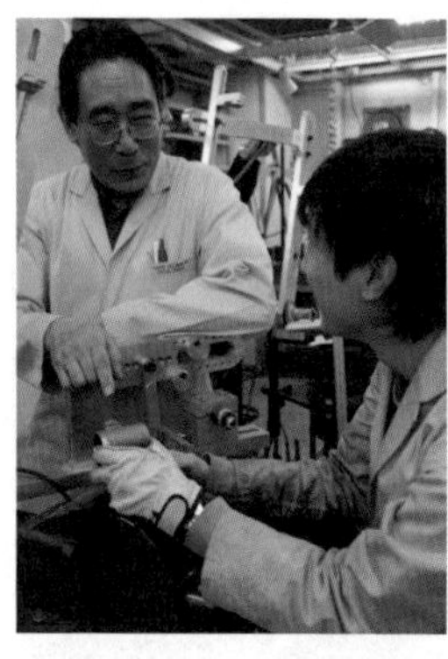

선생들은 어떤 사람인가?
내 눈에는 다들 신(神)이다. 세 명의 빌더 중 가장 유명한 분은 케루빔(Cherubim)의 신이치 콘노(Shinichi Konno) 선생이다. 핸드메이드 바이크쇼 중 가장 권위 있는 행사가 미국의 나브스(NAHBS)라는 쇼이다. 신이치 선생이 그 대회에서 여러 번 상을 받았다. 일본 자전거 공방은 거의 대물림이다. 현재 케루빔은 2대째인데 이미 1대 케루빔의 명성은 대단했다고 한다. 신이치 콘노는 일본을 넘어 세계적으로 유명하다. 자전거 마니아라면 그분의 자전거를 한 번쯤은 봤을 것이다. 자전거 프레임의 다이아몬드 구조는 성능에 최적화된 완벽한 구조이기 때문에 뭔가 새로운 시도를 하기 쉽지 않지만, 신이치 콘노는 그 와중에 여러 가지 실험을 한다. 형태 자체도 그렇고 부품이나 물성도 그렇다. 디테일 측면에서도 기발한 발상을 한다. 이분의 자전거를 보면 예술품과 다름없다는 생각이 든다. 자전거를 잘 모르는 사람, 잘 아는 사람 모두에게 멋있는 그런 느낌이랄까. 수업도 특별하다. 학교에서 맨발로 수업하는데, 굉장히 자유로운 사람이다.

다른 선생도 소개해 달라.
경륜 자전거 브랜드인 스트라토스(Stratos) 공방을 운영하는 무라야마 선생은 아버지같이 다정한 분이다. 학교에 입학하기 전에 단골 자전거숍에서 어떤 사람을 우연히 만났다. 일본계 미국인이었는데, 처음 보는 자전거를 가지고 있었다. 대뜸 말을 걸어 오더니, 프레임에 대해 상세 설명을 하는 것이 아닌가. 시승도 하고 사진도 찍고 그러다가, 한국어로 홈페이지를 만들고 싶다며 번역을 부탁하더라. '일본 경륜자전거 스트라토스의 빌더 무라야마라는 사람이 만든 자전거로…'라는 내용이었다. 굉장히 인상적인 기억이었다. 2년 후 자전거 학교에 입학했을 때, 스트라토스의 무라야마(Murayama)가 여기 선생이었다.

또 한 명은 미니벨로를 만드는 키모리 바이크(Kimori Bike)의 키모리(Kimori) 선생이다(원더걸스를 정말 좋아한다). 이분은 나처럼 키가 작다. 많은 사람들이 그렇듯 나도 수평탑(프레임의 탑튜브가 지면과 수평인 프레임)의 심플한 700c 자전거가 로망이었다. 하지만 키 작은 사람은 설계상 수평탑 700c 자전거를 타기 힘들다. 수평탑 자전거를 타고 싶은 욕구가 있었고, 키 작은 사람도 그 자전거를 즐길 수 있었으면 해서 그분과 상담하면서 많은 것을 배웠다. '나도 그렇다'고 하면서 내 고민을 자기 고민처럼 생각하는 것 같았다.

선생들이 다들 연배가 있는 노장들인가 보다.
그런 건 아니다. 소우카와 선생은 나보다 어리다. 이분은 바퀴가 달린 모든 것을 다 좋아한다. 오토바이든 뭐든. 오사카에서 무브먼트(Movement)라는 자전거 숍을 운영하고 있다. 언젠가 내 자전거의 스포크(자전거 살)가 부러졌다. 바퀴를 새로 짜야 했다. 수작업이 필요했고, 그때만 해도 휠 빌딩을 할 줄 몰라서 그에게 부탁했다. 휠 빌딩 공임이 상당하다. "휠 빌딩 공임비가 꽤 비싸지요?"라고 물어 보니, 소우카와 선생이 "당신은 액세서리를 만드는 사람이니 공임비 대신 뭔가 하나 만들어 달라"고 하더라. 그래서 자전거 부품 중 시트 클램프(안장높이를 고정하는 부품) 모양의 반지를 만들어 드렸다. 마음에 쏙 들어서 내 것도 하나 만들었다.

↖ 무라야마 선생의 스트라토스 브랜드는 경륜자전거 제작으로 명성이 자자하다.
↑ 박정민의 엠블럼. 크랭크 모양과 이니셜 P를 디자인 요소로 사용했다.
↙ 시트캡 소재로 나무를 활용했다.
↘ 박정민의 성인 후박나무 박(朴) 자를 형상화한 문양.

CAMPAGNOLO

MADE IN ITALY
MAX. INFLATE

**오늘 당신이 타고 온 자전거의 디테일이 인상적이다. **나뭇잎 세공에 나무도 박혀 있고 초록색 도색이다.

아무래도 주얼리를 먼저 공부했기 때문에 주얼리 기법을 자전거 제작에 응용해 보고 싶었다. 주얼리에 보석을 물릴 때 사용하는 세공법이 있다. 우선 난집(보석 알을 받치는 부분)을 만들고, 거기에 장식물을 박는 방식이다. 이건 내가 만든 두 번째 자전거다. 내 성(姓)인 '밀양 박'이 한자로 후박나무 박(朴) 자다. 그래서 이 자전거 컨셉트를 숲으로 정하고, 러그(프레임 튜브를 서로 잇기 위해 끼우는 부품)와 해드배지(프레임 머리 부분에 부착하는 장식 배지), 색감 따위로 표현해 보고자 했다. 이렇게 직접 하나하나 재료를 구할 때 금전적인 문제도 무시 못한다. 하지만 정말 과정 하나하나가 신이 나서 열심히 하게 되더라. 주얼리도 금속을 만지는 일이어서 큰 도움이 됐다. 금속세공을 하며 썼던 정밀도구도 그렇고 은판이나 동판을 잘라 가며 익혔던 줄톱 작업은 러그를 만들 때 결정적이었다. 그 밖에도 내가 아는 여러 기법이 발상에 영향을 준다.

첫 번째 자전거는 어땠나?

사실 처음 만든 프레임이 이번 것보다 더 나은 것 같다. 첫 작업이어서 집중력도 좋았고, 뭐든 신중하게 진행했다. 과제로 낸 프레임을 돌려받기까지 하루하루 기다리는 것이 지루할 정도였다. 기다린 만큼 애착이 크다. 게다가 '도쿄사이클모드'라는 자전거박람회의 학교 부스에 전시도 한, 내게 의미가 크고 뿌듯한 1호차다.

자전거를 직접 만들다 보면 클래식 자전거로 갈 수밖에 없을 것 같은데.

그렇다. 아무래도 소재의 이슈이기도 한데 자전거를 직접 제작하면, 크로몰리(크롬과 몰리브덴의 합금. 충격흡수력이 강하고 수명이 길어 자전거 제작에 많이 사용)라고 하는 철을 만지게 된다. 에어로 타입의 부품들로 구성된 멋진 크로몰리 자전거도 있긴 하지만, 그럼에도 역시 크로몰리라는 철의 특성상 은색의 클래식한 부품이 정말 잘 어울린다. 그래서 그쪽으로 찾다 보니까 옛날, 더 옛날 빈티지 자전거에 빠지게 된다. 게다가 학교 선생들이 핸드메이드 자전거 빌딩 분야에서 정말 유명한 사람들이다. 그들에게 배우다 보면 클래식 핸드메이드 자전거에 매료될 수밖에 없다.

박정민의 주얼리 세공 기술이
돋보이는 러그 커팅.

일본은 자전거 보급률 70%, 세계 3위 수준이라고 한다. 실제로 체험해 보니 어떤가?

일본 사람은 자전거를 좋아하든 싫어하든 무조건 타고 다닌다. 교통비가 특히 비싸고 물가가 비싸다 보니 자전거를 탈 수밖에 없다. 대중교통비가 한국에 비해 두 배 정도, 택시비는 거의 5~6배나 비싸다. 가까운 거리는 거의 자전거로 간다.

일본에서 자전거 타기는 안전한 편인가?

도로 매너라고 해야 하나? 차량운전자의 기본 매너가 이미 기본으로 깔려 있다. 솔직히 일본에 와서 처음 자전거를 탔을 때, 한국보다 썩 좋다는 느낌은 받지 못했다. 도로가 워낙 좁다. 그런데 2~3년 일본에서 지내다가 잠깐 한국에 들어와 자전거를 타 보니 차이가 엄청나게 커 보였다. 같은 아스팔트 도로인데 한국은 노면이 울퉁불퉁하거나 팬 곳이 너무 많다. 신호도 정말 안 지킨다. 일본은 신호가 칼이다. 한 차선을 자전거가 다 차지하고 가더라도 뒤에서 경적을 울리지 않는다. 자동차 위에 오토바이가 있고 오토바이 위에는 보행자라고 하는데 일본에서는 자전거가 가장 상위에 있는 것 같다. 여기서는 오히려 자전거가 무법자다. 보행자 뒤에서 딸랑딸랑하면 다 피해 준다.

한국의 경우 자전거 생산이 거의 중국에서 이뤄지고 핸드메이드 공방은 매우 적다. 일본은 어떤가?

일본도 똑같다. 일본의 유명한 브랜드도 최고급 모델 이외에는 대부분 중국에 생산기지를 두고 있는 것으로 알고 있다. 다른 점은 자기 나라 자전거가 좋다는 것을 안다는 것이다. 자전거를 정말 좋아하는 사람들 중에는 핸드메이드 자전거를 좋아하는 사람도 있고, 카본 자전거를 좋아하는 사람도 있는데, 카본은 아무래도 유럽의 유명한 브랜드를 선호한다. 그런데 핸드메이드는 웬만하면 일본 공방의 자전거를 찾는다.

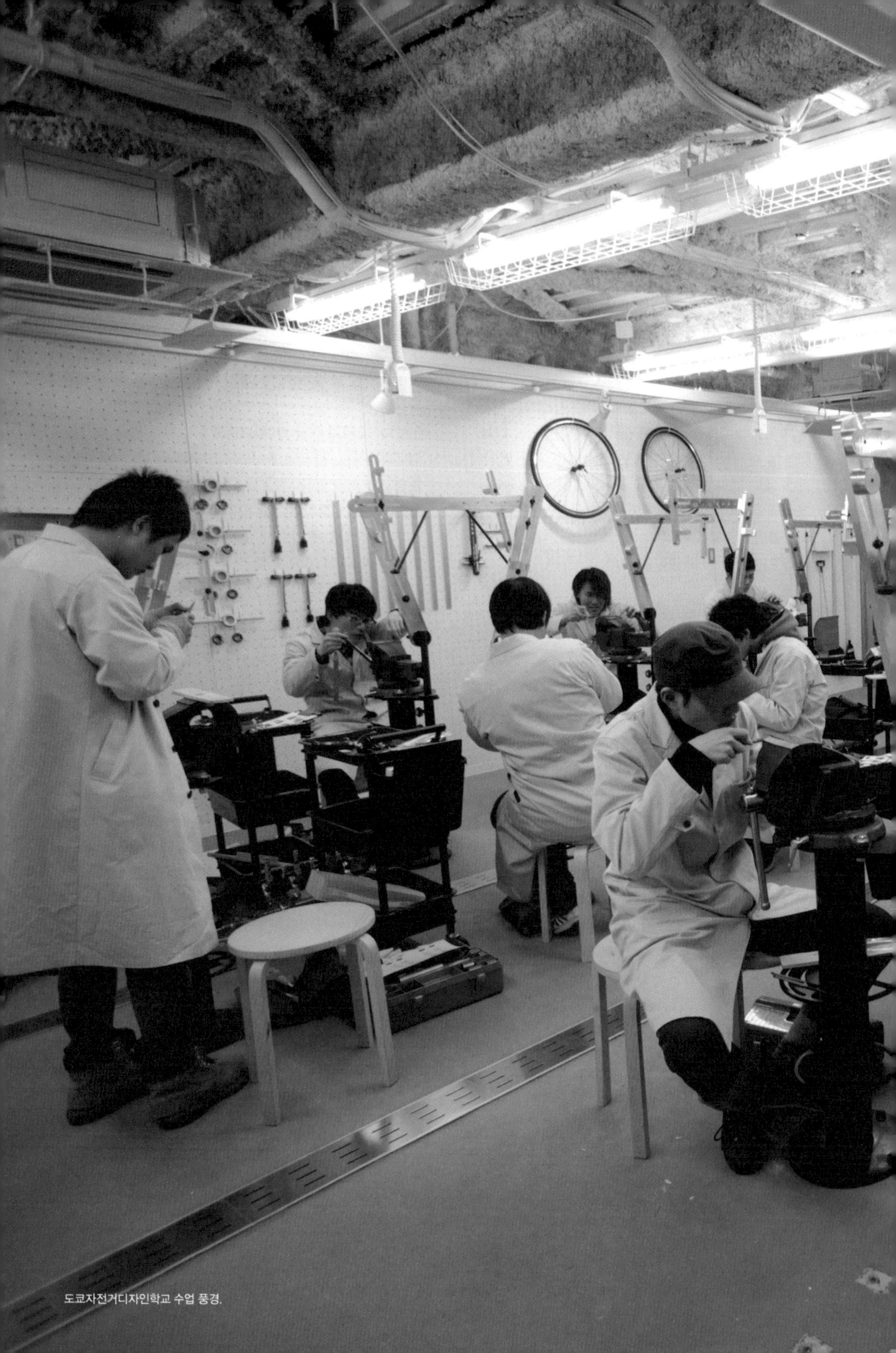

도쿄자전거디자인학교 수업 풍경.

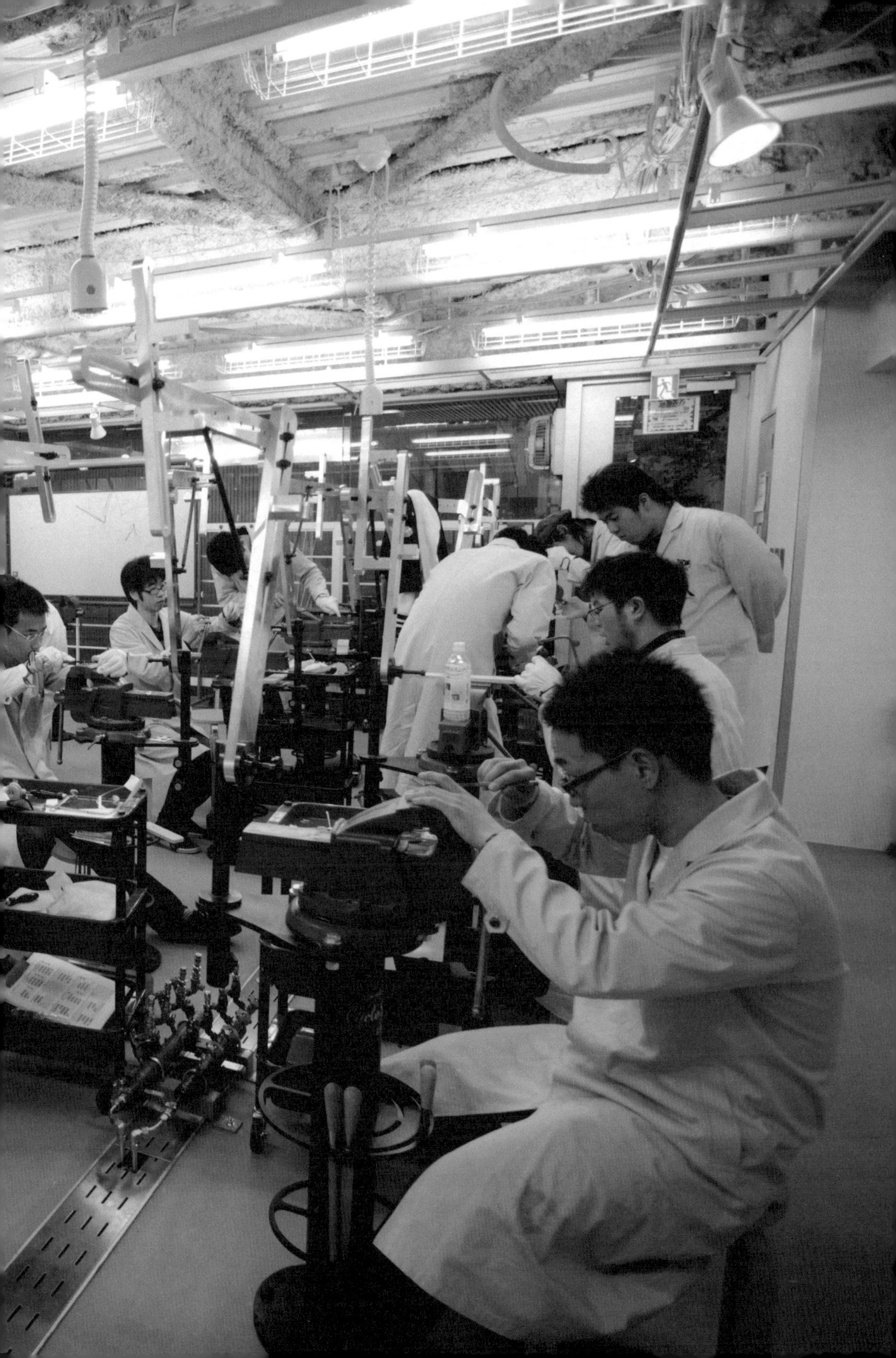

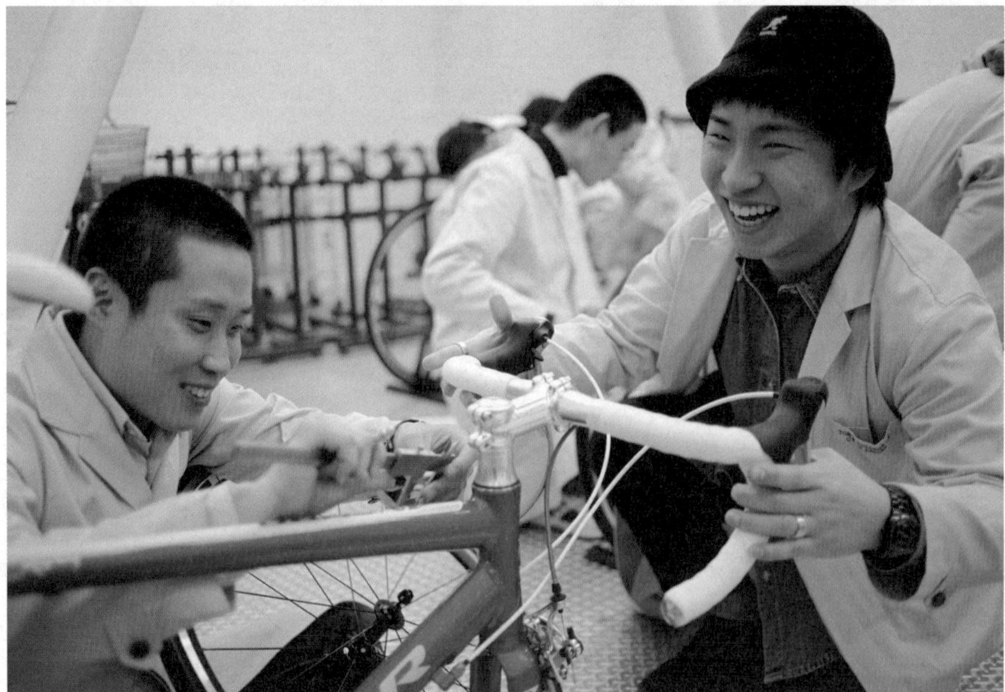

도쿄자전거디자인학교는 히코미즈노주얼리학교와 공동으로
건물을 사용한다. 같은 재단이지만 분리된 이 두 학교는 도쿄 문화와 예술의
최전방을 볼 수 있는 시부야와 하라주쿠 사이에 자리 잡고 있다.

단기적인 목표로, 졸업 후 하고 싶은 일은?
5년 안에 미국 나브스 쇼에 자전거를 출품하는 것이다. 졸업 후에는 일본의 자전거 공방에 취업해 필드를 체험하고 싶다.

자전거 빌더로서 자신의 미래를 그린다면?
많이 팔아서 많이 버는 것보다는 사람들이 정말 좋아하는 자전거, 갖고 싶은 자전거를 만들고 싶다. 값비싼 자전거를 이야기하는 게 아니라 정말 소량의 자전거를 혼자 해 보고 싶다. 처음부터 끝까지. 우선 자전거를 만들 때 클라이언트와 상담을 굉장히 오래 하고 싶다. 자전거만의 상담이 아니라 그 사람을 알고 싶다. 그 사람의 인생을 테마로 자전거 작업을 하는 것이다. 한편 자전거 교수가 되고 싶기도 하다. 우리나라가 분명히 늦었다고는 하지만 자전거 문화가 빠르게 퍼지고 있고 정책적으로도 밀어주는 분야다. 그러다 보면 자전거 학교가 생길 것이고 정비나 제작과 관련한 전공도 나타날 것이다.

당신이 자전거 공방을 연다면 그곳은 한국일까?
아직은 확실하지 않다. 한국에서 핸드메이드 자전거에 대한 인식이 거의 없는 편이다. 자전거 동호인 중에서도 핸드메이드로 만들고자 하는 분이 거의 없다. 일본이나 미국은 핸드메이드 분야가 굉장히 발달해 있다. 자전거를 구입할 때 우리나라 사람은 어떤 기종을 살지, 어떤 브랜드를 살지 고민한다면, 일본이나 미국 사람은 처음부터 핸드메이드로 갈까, 완성차로 갈까 숙고한다. 일본이나 미국에서 시작하고 싶은 이유다. 하지만 어차피 한국인이고 아직 핸드메이드 시장이 형성되지 않았기 때문에 가능성은 오히려 크지 않을까. 결국 한국에 들어오겠지.

철 연마작업. 러그 커팅과 세공을
위해 바이스에 러그를 물려 작업한다.

진공부품가공
알곤·CO2 용접
080-080
2225
28조 8045

BIN DOE

3
7

빈도해

사진: 빈도해 제공(38~43P, 46~51P, 54P)

빈도해는 직접 만든 낭만미장원 깃발을 자전거 뒤에 꽂고
전국을 누비며 동네 사람들 머리를 자르고 다녔다.

이화여대 앞에 가면 '빈도해 살롱'이라는 헤어숍이 있다. 주인장 빈도해. 자전거를 타고 유랑하면서 이곳저곳에서 낭만미장원이란 이름의 이동 미용실을 운영한다는 사람, 전시나 이벤트에서 물물교환 방식으로 머리를 잘라 준다는 사람, 종종 젬베를 지참하고 공원에서 자가 치유를 하는 사람, 젬베로 엮인 이들과 젬베스튜디오를 만든 사람. 이 모든 것의 연유가 궁금하다. 빈도해가 말문을 열자, 대부분 명확해진다. 소박한 사람들의 이야기가 좋아서, 때묻지 않은 순수함이 좋아서, 눈에 보이는 아름다운 풍경이 좋아서, 코끼리와 고래가 좋아서. 한마디로 '낭만'이 좋아서.

빈도해 18년 경력의 헤어 스타일리스트. 무대 연출에 마음을 두었으나 재수생 시절 우연히 친구 어머니의 소개로 미용학원에 들어가게 되면서 얼떨결에 미용계에 입문했다. 준오헤어, 런던 비달사순아카데미 등지에서 미용을 배웠으며 현재 이화여대 앞에서 빈도해 헤어살롱을 운영한다. 최근 지인들과 젬베 스튜디오를 오픈해 공연 활동을 하기도 한다.

자전거는 언제부터 탔나.
당연히 어렸을 때부터 끼고 살았다.

자전거를 직접 구매한 것은 언제?
90년대 말 즈음이었다. 블랙캣(삼천리자전거 브랜드 중 하나) 자전거였는데 친구랑 동네에서 타다가 이 친구가 갑자기 "야, 우리 춘천 가 볼까?" 하는 바람에 춘천까지 가 버렸다. 오후 1시쯤 출발했는데 밤 12시가 다 되어 도착했다. 연남동에서 출발해 이태원에서 햄버거 하나씩 사 먹고는 뚝섬 지나 광진구 쪽에서 춘천으로 빠져 나가려고 했는데 광진구에 가니 어느새 3시인 거다.

서울도 못 빠져나갔고 그때 진짜 가야 하나 말아야 하나 그랬는데, 아직도 춘천 가던 그 길이 생생하다. 도중에 비가 와서 가방에 비닐을 씌우고 가평에 도착했을 때, 여기서 그냥 자자고 했는데 그 친구 녀석이 끌고 가더라도 가야지 나중에 할 말이 있다고. 가평에서 강촌까지 비탈길도 나오고 말 그대로 질질 끌고 갔다. "도착하면 제일 좋은 호텔에서 자자"며 이를 악물었다. 춘천 초입이 내리막길인지라 한참을 내려와서 택시 기사에게 "여기서 가장 좋은 호텔이 어디죠?" 하고 물었 더니 "저기, 저 산 위에"(웃음)라고 해서 바로 근처 모텔로. 다음 날 아침 일어나서 오전 10시에 다시 자전거 타고 돌아왔다. 춘천은 가는 길이 오르막이 많아서 그렇지, 다시 돌아올 때는 좀 빠르게, 10시간 정도 걸렸다. 너무 힘들었던 기억이 남아 한동안 자전거 여행은 엄두를 못 냈다.

무슨 이유로 또다시 자전거 여행에 도전했는지.
그 이후 한참 지나서 2008년 즈음 더 좋은 자전거를 구했다. 독일제 MTB인데, 기능에 충실하게 잘 만들어진 자전거였다. 그때 가위 들고 어디든 가 봐야겠다고 생각했다. 일이 너무 지루해져서, 초심으로 돌아가고 싶었다. 아무도 나를 모르고, 나도 모르는 곳에 가서 (머리카락) 자르는 행위만 하고 싶었다. 낭만미장원 깃발을 꽂은 자전거를 버스에 싣고 동해까지 갔다. 자전거 타고 서울을 벗어나는 것 자체가 너무 힘들다는 것을 기억으로 아니까 힘 빼기 싫어서. 동해시에서 자전거로 7번국도 타고 쭉 내려왔다. 7번국도 가 봤나? 자전거 타고 7번국도를 달리다 보면, 살아 돌아갈 거란 생각이 들지 않는다. 너무 위험해서. 인도 없는 2차선 도로에 트럭이 질주하는 데다가 길도 무진장 험했다. 정말이지 너무 힘들었다. 결국 포항 조금 못 미쳐서 친구에게 전화해 차 끌고 오라고 했다. 자전거를 차에 싣고 남해에 도착해, 또다시 자전거로 남해를 떠돌다 대지포라는 마을에 들어가게 됐다. 거기 '전복의 집'이라는 음식점이 있는데 2층은 숙박업을 한다. 어쩌다 주인과 친해졌고, 그분이 마을회관에서 방송으로 '머리를 무료로 잘라 주겠다'고 광고를 해줬다. 머리 잘라 드리고 전복 실컷 얻어 먹고 그러면서 대지포에서 시간을 보냈다. 동네 사람들 머리를 잘라주는데 너무너무 기분이 좋았다.

사실 7번국도 따라 동해안 내려오면서 한두 번 시도해 봤지만 거긴 시골이 시골이 아니던데? 길거리 농사짓는 어르신한테 "저 미용사인데 머리 잘라 드릴까요?" 했더니 "저 다니는 데 있어요"라고 하더라. 자존심 좀 상했지 뭐. 그렇게 퇴짜 맞고 겨우 한두 명 자르고 하다 남해 대지포에서 머리 많이 자르고 머물다가 통영을 거쳐 서울로 왔다. 그게 첫 낭만미장원 여행이다.

누가 낭만미장원 고객이었나?

대지포에서 만난 낭만미장원 손님 중 한 아주머니는 다음 날 소개팅을 간다고 하더라. 이 아주머니가 포도를 엄청 싸 왔다. 머리를 하는데 갑자기 소독차가 지나가서는 (사진을 보여 주며) 이런 재밌는 사진도 의도치 않게 연출됐었지.

또 웃겼던 게 이 동네에 분무기가 없어서 소주병에다 대충 펌프 꽂아서 분무기 삼아 뿌리기도 하고. 재밌는 기억이 많다. (다른 사진을 보여 주며) 이 두 친구는 대지포에 사는 동네 친구인데, 한 녀석 부모님이 모두 돌아가셨다. 그래서 친구네 집에서 같이 사는데 얘네가 한 번도 안 싸우고 정말 형제같이 지낸다. 둘이 어깨동무하고 동네 길을 쉬지 않고 얘기하면서 돌아다닌다. 이 친구 부모님도 남의 자식을 자기 자식같이 키워서, 정말 큰 감동을 받았다. 머리 자른 뒤 어깨동무하고 가는 뒷모습이 그렇게 아름다울 수가 없었다.

또 다른 곳으로 낭만미장원이 간 적은?

내가 종종 자전거 타거나 쉴 때 가는 곳인데, 가평의 도장골이란 곳이다. 가끔 찾아뵙는 분이 그곳에서 한옥 두 채와 돌집 한 채를 짓고 사신다. 한참 비포장도로를 타고 들어가야 한다. 아저씨는 이 산장에 전기도 안 들어올 때 6년 동안 혼자서 사신 적도 있다. 숲 속 나무들 사이, 의자랑 커트보만 있으면 최고의 낭만 미장원이 된다. 이제 60대 후반인데 정말 이룰 것 다 이루고 원없이 놀아 본, 연애사가 장난 아닌 멋진 어르신이다. 그런데 이분이 새벽에 술 잘 마시고 놀다가 "앞으로 어떻게 살아야 할지 모르겠다"라고 하는 거다. 깜짝 놀랐지. 뭔가 답을 얻은 느낌이었다. 삶이 이런 거구나, 많은 사람이 그저그런 삶을 살고 있는데, 화려하고 격렬하게 살아왔던 사람도 삶을 그런 정도로 느끼고 있구나. 그들도 어느 순간 외로움과 고독, 쓸쓸함을 품고 사는구나. 더 재밌게 살아야겠다는 생각이 들었다. 이래저래 마음이 허해질 때, 아무 생각 없이 머리만 자르겠다고 자전거 끌고 나왔을 때도 그러하고, 삶에 대해 느꼈던 큼직한 장면이 몇몇 있었다.

낭만미장원이라는 개념은 처음 어떻게 나왔는지.

낭만이라는 말에 꽂혀 있던 시절이었다. 그 '낭만'이라는 말 때문에 자전거를 타고 돌아다녔다. 자르는 순간만 있는 그런 그림이 굉장히 낭만적이라고 생각했다. 거기에 그냥 '미장원'이라는 말을 붙이고 싶었고, 그렇게 출발했다. 거듭 낭만미장원 여행을 하고 스토리가 쌓이다 보니 어떤 족적 같은 게 생긴 것 같다.

동네 길가나 마을회관에서 머리할 때 어려운 점이라면?

커트밖에 못한다는 것. 동네 어르신이 대다수 파마를 하셨는데 "어휴 파마도 해주지"라고 하셨거든. 정말 파마를 해 드려야 한다면 엄청난 장비를 다 들고 가야 한다. 그래서 만능 가방을 직접 제작해 볼 생각이다. 요즘 가구 만드는 재미를 붙였다. 여기 살롱에 있는 염색약 보관함도 직접 만들었다.

낭만미장원 페이스북 페이지를 최근 오픈했다.

낭만미장원이란 '브랜드'를 제대로 준비하고 있다. 이거인데, 로고가 코끼리이다. 코끼리는 꽤나 낭만적인 동물이다. 어렸을 때 늘 동물원에 가면 코끼리가 그렇게나 좋아서는 한참을 보고 있자면, 그 느낌이 정말 좋았다. 코끼리는 초식동물이고 말 그대로 코를 손처럼 사용한다. 코끼리는 사자도 공격을 못할 정도로 강한 동물이다. 무엇보다 코끼리들의 연대가 굉장히 강한데 어미 코끼리가 죽으면 코끼리 사회에서 새끼를 공동 양육한다. 인도에서는 코끼리가 부와 여자를 상징한다. 부와 여자면, 낭만적인 거지. 예전 살롱에도 커다란 코끼리 벽화 그림이 있었다. 마야라고 네팔에서 살던 친구가 그려줬다. 대략 7~8년 전에 서울 어린이 대공원에서 코끼리 다섯 마리가 탈출한 사건이 있었다. 마야는 코끼리가 여성을 상징하고 있다는 것을 알고 있었고, 억압을 피해 탈출한 그 사건에 영감을 받아 코끼리를 주제로 전시를 했다. 그 작업이 너무 마음에 들어서 살롱 벽화로 코끼리를 그려 달라고 했다.

요즘은 미장원이라는 단어를 잘 안 쓴다.

미장원과 미장실은 같은 말이다. '미장'은 아름다움을 가꾸는 곳이다. 미용의 용(容)은 '얼굴 용' 자로 아름답게 얼굴을 가꾸는 곳이고. 미장원은 좀 더, 일하는 사람, 장인, 기술 본위로 돌아가는 느낌을 준다. 미장원이라는 말이 촌스럽다고 생각하는 사람들이 있는데, 나는 귀엽다고 생각한다.

지금 여기 일터에서 머리 만지는 일은 어떤가?

사실 살롱을 하고 돈을 버는 것은 그렇게 낭만적이지 않다. 재미도 있고 보람도 있지만 자영업이기에 머리가 아프기도 하다. 그럼에도 내가 지향하는 낭만미장원은 일터와 일상을 허물어서 하나의 삶으로 엮어 가는 것이다. 낭만미장원에서 나는 치유 가위를 들고 싶다. 사람들에게 이 미장원은 정수기의 작용처럼 머리 자른 후에 마음의 필터링이 일어나 기분이 좋아지고, 그러면서 당신의 마음이 정화된다고 말하고 싶다. 내적이든 외적이든 미음의 변화가 좋은 에너지로 변했으면 좋겠다. 또 변화는 기회가 될 수 있다.

당신은 이태원 테이크아웃드로잉에서 옥인콜렉티브 전시를 했고 동대문 봄장(동대문 예술 장터)에서 출장 미장원 같은 일을 벌였다. 옛날에는 진짜 출장 미용사가 있었다던데.

옛날에 정말 그런 게 있었다. 미용사 아줌마들이 박스에 미용장비를 넣어 들고 다니면서 동네에 가서 그것을 펼치고 동네 아줌마를 다 모아서 한꺼번에 볶는다. 미용실이 없는 마을에 보따리장수처럼 돌아다녔다고 한다. 동대문 봄장과 테이크아웃드로잉에서 나는 돈이 아닌 것과 거래하고 싶었다. 예를 들면 내가 원하는 물건을 페이스북에 올린다. 이 물건을 가지고 있는 사람과 내 서비스의 교환 가치가 맞다고 합의를 보면 거래가 이뤄지는 것이다. 테이크아웃드로잉에서 담쟁이 사진, 송창식 LP, 책 몇 권이 필요하다고 올렸을 때, 사진 찍는 친구들이 많이 왔다. 일종의 노머니(No Money) 마켓이다. 돈이 아닌 재능과 물건을 교환하는 시장이 되는 것이다. 그리고 머리 잘라준 사람들과 나눈 이야기를 생방송으로 인터넷 라디오 방송을 했다. '돈의 개입 없이 가치가 교환될 때 어떤 일이 벌어질까' 라는 질문을 던지고 대화를 나누는 것이었다.

현실에서도 당신이 방금 말한 방식이 가능할까?

완벽하지는 않겠지만 적어도 그런 것을 추구하고자 하는 태도를 가져야 한다고 생각한다. 자본주의 사회에서 살고 있지만 아주 오래전에는 돈이 아닌 것으로 거래하더라도 불편없이 살았던 시절이 있다. 지금도 충분히 그런 것을 실천할 수 있다. 그렇게 할 때 내 삶이 훨씬 더 풍요로워지고, 연대가 생겨난다. 혼자 하는 것보다는 마음 맞는 둘이 노는 게 더 재미있듯이. 일이 돈벌이로만 치부되는 게 전부는 아니다.

당신에게 자전거의 특별함이란?

자전거를 탈 때 마치 벌레가 되는 느낌이다. 구석구석 다 훑어보고 다니게 된다. 걸을 때는 보는 것이 한정적이다. 같은 목적지를 가더라도 걸어가면 지름길로 가려 하지만 자전거를 타면 열린 대로 가다가 가고 싶은 곳, 호기심 나는 곳에 들어가게 된다. 지금 연희동에 사는데 동네를 다니다 보면 매번 바뀌어 있고 그것들을 다 들여다보는 느낌이 정말 좋다. 맨날 다니는 동네도 자세히 보면 항상 또 다른 길이 있다.

자전거 버전 낭만미장원은 언제 다시 시작할 예정인가?

내가 무슨 일을 할 때 계획을 수립하거나 하지 않는다. 계획 없이 사는 게 내 계획이니까. 제주도에 다시 간다면 자전거 타고 다니면서 낭만미장원을 해보고 싶다. 자전거를 못 가져갔지만 얼마 전 제주도에 갔을 때, 잘 머물다 온 곳이 있다. 제주도 월정리에 '고래가 될' 카페라고 굉장히 아름다운 바닷가 카페가 있다. 그곳 주인을 알게 되어서 2층에서 이틀 머물렀다. 공짜로 있었고, 답례로 월정리 주민분들 머리를 잘라 드렸다. 동네분들 머리 잘라 드리고 같이 노래 부르고 같이 차 끓여 마시고 잘 놀다 왔다. 또 ‹어이그 져귓것›, ‹지슬›에 출연한 제주 가수 양정원 씨를 만났는데, 그분은 노래 부르고 나는 머리 자르고 그렇게 지내다 왔다.

또 다른 자전거 여행 또는 낭만을 꿈꾼다면?

언젠가 지금 만나는 여자친구와 세계 여행을 해보는 것. 여자친구는 요리하고 나는 머리하는 거다. 자전거 차에 싣고, 마을을 돌아다니는 그런 여행을 하고 싶다. 해외에 가면 그 동네에서 중고 자전거 하나 사서 돌아다니다가 되팔고 또 이동하고 다니고 싶다. 자전거 세계 여행을 그렇게 한다더라. 사실 최근에 자전거를 한 대 샀다. 대만의 자이언트가 최근 출시한 로드 자전거인데 완전 형광노란색이다. 정말 잘 나간다. 같이 자전거 타려고 여자친구에게 선물한 것이다. 화이트 데이 때 자전거에 사탕을 끼워서 줬다. 핸들에다가 사탕을 묶어 놨었는데 누가 사탕을 빼 갔다. 알사탕 큰 거였는데.

빈도해가 만든 염색약 보관함.
좌식 테이블에서부터 아프리카 악기 지지대까지
그는 손으로 만드는 모든 행위를 좋아한다.

대지포 낭만미용실 손님과 소독차. 다음 날 소개팅이라고
포도를 잔뜩 싸오신 아주머니.

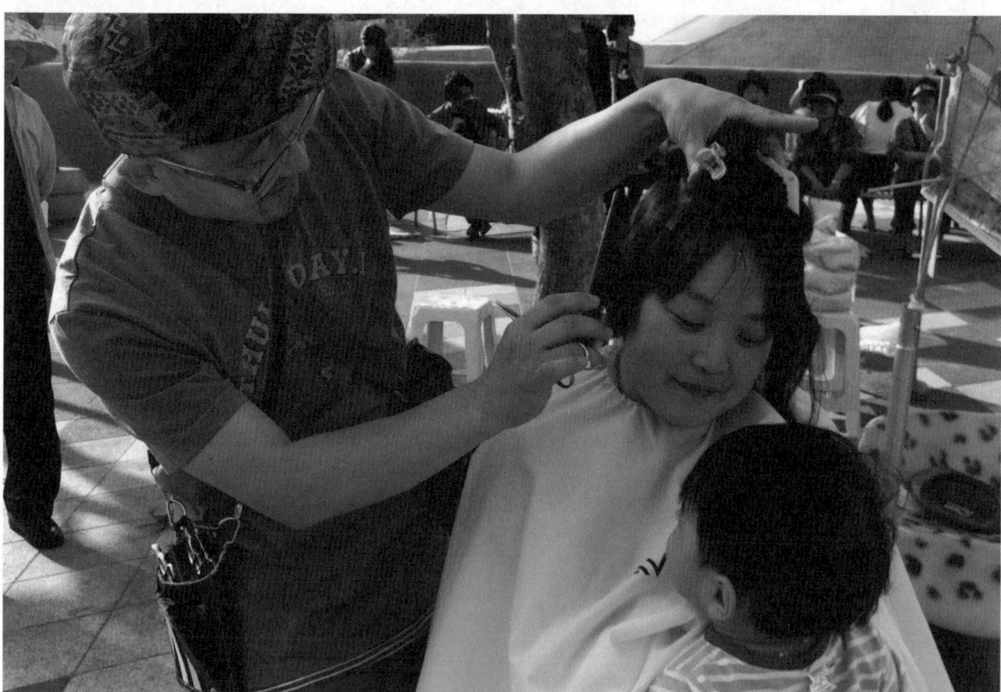

↑ 동대문 봄장. 젬베 치고 놀기도 하고 사람이 오면 '노머니 거래' 후 머리를 잘랐다.
↓ 2년간 아이를 돌보느라 미용실을 가지 못한 한 아이 엄마의 머리를 잘랐다.

↑ 전남 장흥. 동네 아이들 머리를 다 잘라 주었다.
↓ 이태원 테이크아웃드로잉에서의 퍼포먼스.

가평 도장골 낭만미장원.

빈도해의 아침 출근길. 지금 살고 있는 연희동에서 이대 헤어숍까지는 단숨에 갈 거리다.
연희동은 맨날 다니는 동네이지만 구석구석 뒤지고 다니는 재미가 있는 동네다.

Café
Bar
이원용치과
의원
빵
피부관리
휴게실
Café Bar
30

고객과 나눴던 대화를 글로 옮겨 인사동 가이아갤러리에서 전시했다.
100명 정도의 머리카락이 한 자루나 되었다.

LEE SOONWOO

이순우

LEE SOONWOO

경상북도 영주 경륜훈련원 벨로드롬
훈련장에 선 코치.

이순우는 한국 경륜 역사의 살아 있는 증인이다. 1994년 경륜이 시작될 때 선수로 뛰어들어 2013년 1월까지 18년 동안 쉼 없이 뛰었다. 989번의 경주에 나가 107번의 승리. 이순우 선수에게 남겨진 기록이다. 그에게 경륜 경기장 벨로드롬은 한 편의 인생 무대와 같다. 벨로드롬의 경사진 주로에는 이순우의 땀과 좌절, 승리의 환희와 부상의 두려움이 나이테처럼 켜켜이 아로새겨져 있다. 이 모든 것을 뒤로하고 그는 막 경륜훈련원 지도자로 변신해 여전히 벨로드롬을 서성인다. 훈련원이 자리 잡은 경상북도 영주로 가서 이순우를 만났다. 중간 키에 두꺼운 몸집, 허벅지는 아직도 굵다.

이순우 1967년생. 경상도 대구 출신으로 초등학교 시절부터 육상선수로 뛰다가 중학교 때 사이클로 종목을 바꿨다. 사이클 국가대표를 지낸 후 29세가 되던 1994년에 경륜이 도입되었을 때 1기 선수로 등록해 올해 초까지 최장 기간을 경륜 선수로 활약했다. 현재 경륜 훈련원 경륜 후보생 지도자다.

언제부터 자전거를 탔나?
중학교 시절 아마추어 선수로 자전거를 시작했으니까 몇 년을 탔나. 한 31년 탔구나. 아마 사이클 선수 중에서는 현역으로 가장 오래 뛰었을 것이다. 아마추어 선수 이후 체육대학교를 나왔고 1994년 29살에 경륜에 들어왔다.

사이클 선수로서 목표가 무엇이었나?
일단 국가대표였다. 모든 아마추어의 꿈은 대표선수다. 올림픽 출전을 목표로 다들 자전거를 탔다. 국가대표로 2년 동안 활동했다. 당시 아마추어의 선수 수명이 길지 않았다. 30세 전에 대부분 은퇴하고 그만두는 선수가 많았다. 사이클 팀 감독, 코치로 가기도 하고 MTB 분야에서 숍을 운영하기도 한다. 사이클 선수를 바깥에서 보면 잠깐 수입이 많아 보이지만 오래 보장되지 않는다. 선수 중에는 다른 일, 투잡하는 사람도 있다.

학교에 사이클 팀이 있었나?
체육 중·고등학교를 나왔다. 원래는 육상을 했는데 어느 순간부터 성적이 안 나오더라. 사이클로 전향하자 1년 뒤에 도 대표로 선발됐다. 육상을 한 덕분에 기초체력이 튼튼했던지 계속 성적이 향상되었다.

당시 어디서 경기를 했나? 그때도 벨로드롬이 있었나?
도별로 지역마다 평가전을 치르는 곳이 각각 지정되어 있다. 고향이 경상북도 대구인데, 김천에서 도로 시합을 했다. 벨로드롬은 고등학교 2학년 때 인천에 처음 생겼다. 우리까지만 해도 모두가 벨로드롬에서 탈 수는 없었다. 그냥 흙 운동장에서 연습도 하고 경기도 했다. 그다음 대구에 벨로드롬이 생겼다. 시합이 항상 있는 게 아니니까 경기장에 자주 못 갔다. 그러다 보니 도로 위주로 연습했다. 시합이 있으면 그 지역에 가서 합숙훈련을 했다.

중학교부터 대학까지 체육 학교만 다녔다. 선후배 간 군기가 만만치 않았겠지.
아휴, 그때 생각하면 참. 지금도 어느 정도 군기가 잡혀 있겠지만 그때만큼은 아닐 거다. 그 시절에는 무조건 하라면 해야 했고, 단체생활을 하다 보니 군인처럼 점호, 청소를 다 했다. 맞는 것은 당연하고 벌도 많이 받았다. 원산폭격을 너무 많이 해서 머리 정수리 부분이 다 까졌다. 심지어 너무 단련이 되어 버려서 그 자세로 잠까지 잤다.

당신의 첫 번째 자전거를 기억하나?
당시에는 맞춤 프레임 자체가 거의 없었다. 당시에도 국산으로 선수용 자전거가 나오긴 했다. 차체(자전거 몸체)와 바퀴가 너무 무거웠다. 지금의 자전거와는 비교할 수 없다. 말 그대로 사이클 모양대로 만든 것에 불과했다. 그때는 아마추어 시절이니까 좋은 자전거 한 대를 구입한다는 것만으로도 신기했다. 고등학교 2학년 때 외제 로드차를 처음으로 탔다. 그 당시 가격으로 60만 원 정도였는데 지금 돈으로 환산해 보면 집에서 거금을 투자한 거지. 콜나고(Colnago)와 캄파뇰로(Campagnolo) 두 가지가 가장 인기였는데, 그거 하나 장만하는 게 선수들의 꿈이었다. 자전거 정비도 칼같이 하고 고사 지내고, 신주 모시듯 하고 그랬다.

우리나라 경륜 규정에는 국내 제작 프레임만 써야 한다고 들었다.

그 이유는 부품을 개방해 버리면 솔직히 한국산은 아무것도 사용할 게 없기 때문이다. 다른 것은 외제 것을 써도 괜찮지만 차체는 그래도 우리나라 것을 써야 하지 않나라는 이유에서 그런 규정이 있는 것으로 알고 있다. 이것도 풀린다는 이야기가 있긴 한데 이런 규제가 없어지면 선수들 입장에선 좋다. 일본의 경우, 차체 자체를 선수들에게 딱 맞게 빌딩하는 기술이 굉장히 앞서 있다. 좋고 가벼운 차체를 쓰면 훨씬 속도가 빨라진다. 프레임이 미묘하게 달라지기만 해도 차이가 엄청나다. 타 보면 그 차이를 금방 안다.

당신이 타 본 자전거 중 최고의 자전거는 무엇인가?

자전거 역사로 따지면 내가 활동하던 시기가 좀 앞쪽이다 보니 처음에는 외산 자전거를 접할 기회가 별로 없었다. 그중에서 기억에 남는 게 군대에 있을 때 탄 프랑스제 자전거였다. 직접 프랑스에 가서 차체를 맞춰 왔었고 2년 정도 탔다. 핸들이 뿔같이 생긴 건데, 그 자전거를 내가 우리나라에 처음으로 가져왔을 것이다. 가격이 91년도 당시 150만 원이었다. 자전거에 올라가면 일단 느낌이 다르다. 최고의 자세를 낼 수 있는 구조로 만들어졌으니까. 그 자전거가 프랑스에서도 그렇게 비싼 자전거는 아니었을 것이다. 아마추어는 돈이 없고 집에서 다 대줘야 하는데 비싼 자전거를 살 수 없었지. 선수 중에서 특히 예민한 선수가 있다. 가령 자전거를 맞춤으로 했는데 자신한테 잘 맞지 않는다고 생각하는 경우가 있다. 페달링 속도가 더 안 좋아진 것 같다든지. 민감한 선수는 자전거에 적응해야 하는 기간이 있는데 그냥 6개월 있다 바꾸기도 한다. 1년에 몇 대씩 바꾸는 선수도 있다.

경륜은 게임의 공정성이 특히 중요해서 규정이 엄격할 듯하다.

경륜에서는 검차라고 해서 경기 전에 경주용 자전거가 경주에 적합한지를 따져 보고 검사하는 과정이 있다. 시합에 들어가기 전에 일단 몸 검사인 도핑테스트를 한다. 통제가 엄격하다. 여기 후보생도 훈련원에 들어오면 휴대전화를 못 쓴다. 여기 이렇게 압수를 해둔다. 경륜 시합의 출전 명단도 당일 아침에 알려 준다. 그것도 시합 몇 시간 전에. 일본의 경우는 출전표가 하루 전에 나온다. 사실 과거에는 출전표를 미리 알려줬는데 부정시합 사건이 벌어진 후 규정이 더 엄격하게 바뀌었다.

만화 ‹내 파란 세이버›의 박흥용 화백이 선수들 허벅지를 잘 보라고 하던데.

이때 벨로드롬에서 오후에 훈련하는 훈련생들을 볼 수 있을 텐데, 가장 허벅지가 굵은 친구를 소개해 주겠다. 그리고 속도감을 느낄 수 있을 거다. 속도가 장난이 아니다. 도로경기에선 기어를 사용할 수 있기 때문에 시속 100km까지 나온다. 벨로드롬 경기장에선 시속 70km 정도 나온다.

벨로드롬 경기와 도로 경기 중 어느 것을 선호하나?

각각 느낌이 다르기도 하고 나이가 들면서 변한다. 젊었을 때는 한창 힘도 나고 속도를 추구하다 보니 벨로드롬을 좋아했다. 어느 정도 나이가 들면서 도로를 많이 타게 되는 것 같다.

가장 좋아하는 길이나 코스는 어디인가?

사이클 코스가 그렇게 좋은 길은 아니다. 양수리나 양평에서 훈련을 자주 했다. 요즘 일반인도 라이딩하는 곳인데, 우리는 차 다니는 도로로 다니고 그 코스로 자주 운동하고 훈련했다. 나이가 어렸을 때에는 자전거로 여행을 많이 다녔다. 무조건 자전거를 들고 가는 거다. 속초건 대구건 자전거를 타고 간다. 한 번에 다 갈 수는 없으니 중간에 자다 가고. 연습만 하면 답답하니까 강원도에 많이 갔다. 집사람이 차를 타고 가면, 나는 자전거로 따라가고.

↑ 경륜훈련원. 시험을 통해 선발된 훈련생 중 선수자격시험을 거쳐 통과한 사람만이 경륜 선수로 될 수 있다.

↓ 훈련생의 생활은 엄격하게 통제된다. 훈련생은 입소와 함께 휴대전화를 반납해야 한다.

KSPO
국민체육진흥공단 경륜훈련원

롤러 연습장. 110대의 롤러 위에서 선수들은 자세 교정과 회전력 훈련에 몰두한다.

부상당한 적도 있었겠지.

선수들한테 부상은 일과인 거지. 크게 다치느냐 적게 다치느냐의 차이일 뿐이다. 다치는 것은 기본으로 일단 깔고 들어가는데, 뼈가 부러지거나 허리가 뒤틀리거나 골반이 나가는 것은 심각하다. 중상이냐, 한두 달 안에 회복되는 것이냐가 중요하다. 벨로드롬에서 달리다 넘어지면 살이 다 파이는데 이건 3주면 된다. 살이 새로 날 때까지만 기다리면 되니까. 근데 뼈가 부러지면 못 움직이니까 깁스 한 달, 회복 한 달 잡아서 두 달을 기다려야 한다. 선수 생활에 지장을 많이 준다. 내 경우 고등학교 시절, 차에 한 번 치였다. 헬멧을 쓰고 있었는데 속도가 빨라서 그랬는지 차 유리가 다 깨지더라. 어깨를 크게 다쳤다. 경륜 하면서 콧대 한 번 부러지고, 어깨에 문제가 생겨 두 달 정도 입원한 적이 있다. 내가 몸이 좀 튼튼한 모양이다. 남들에 비해 덜 다치고 회복도 빠른 편이다. 그런데 옛날 다쳤던 부위, 타박상이 요즘 아프더라고.

경륜 초창기 분위기는 어땠나?

1994년 경륜이 시작됐다. 당시에 이게 과연 잘 될까 궁금했다. 일본의 경륜이 워낙 잘되고 있었으니까 처음에는 희망을 갖고 원서를 냈다. 경륜 선수 시험에 합격했는데 당시에는 지도자나 선수도 경륜에 대한 경험이나 지식이 거의 없었다. 훈련생으로 4개월간 수입 없이 교육을 받았다. 봄부터 여름까지 훈련하고 경륜 시합이 드디어 열렸는데, 초창기에는 고객도 별로 없고 이게 잘 될지, 안 될지 전혀 감이 안 오더라. 곧 겨울이 오고 해서 3개월도 안 돼 시즌을 접었는데, 선수들은 죄다 겨울에 아르바이트, 택시 기사 하고 그랬다. 이듬해 경륜 비즈니스가 조금씩 좋아지고 2기 선수들이 배출되면서 좋은 선수들이 들어오다 보니 모든 게 좋아지기 시작했다. 게임을 많이 뛰어서 95년에 내가 처음으로 랭킹 1위로 상금을 받았다. 3년차가 되는 96년에 게임당 상금이 1억을 돌파했다. 지금은 10억이 넘고 대상은 20억까지 가기도 한다.

운동종합기능 측정실. 움직이지 않고 두 바퀴로만 균형을 잡는 기술인 스탠딩을 연습하는 훈련생.

선수에게 베팅 금액이 경기에 영향을 미치는가?
대상경기라는 것이 있는데, 선수들이 시합에 나가서 잘 하면 돈을 많이 준다. 우승을 하면 2,500만 원, 그랑프리는 5천만 원을 준다. 당연히 예민하다. 돈을 많이 버는 대신에 정신적 압박이 심하다.

훈련원 지도자로 활동하고 있다. 당신의 경험과 비교할 때 훈련생의 태도는 어떤가?
요즘은 프리한 시대이어서 선수들 개성이 강하다. 훈련시키는 방식도 예전과는 달라야 한다. 그래도 나는 올해 1월까지 아들뻘 같은 선수들이란 같이 경기를 했으니까 그 친구들의 생각이 어떤지는 어느 정도 안다. 경륜을 좀 일찍 그만두신 분들은 아마 젊은 친구들을 이해하기 힘들 것이다. 경륜 선수는 특히 개성이 다 강하다. 주입식으로 하면 안 된다.

후배 선수를 보면 남 같지 않을 텐데.
선수 마음은 선수가 아니까 가슴이 아프지. 내가 걸어온 길을 이 친구들이 똑같이 갈 텐데, 좀 더 말을 잘 들어야 할 텐데 어쩌려고 저럴까 싶기도 하고. 내 경우 경륜을 시작할 때, 10년 동안 최고점 찍고 그만하리라 생각했다. 경륜 하다 보면 부상이 심하게 날 수 있으니까. 경륜 선수들은 등급이 있다. 특선, 우수, 선발이라고 해서 그 차이에 따라 연봉이 나뉘는데 나이가 들수록 연봉이 낮아지기 마련이다. 그래서 중간 정도까지 하다가 그만둬야겠다고 은퇴 시기를 40살로 잡았는데, 이상하게 그만두지 못하겠더라. 그렇게 9년을 더했다. 지금 만 나이로 48인데, 정말 많이 달렸구나 싶다. 제일 두려웠던 게 부상이었다. 젊을 때는 다쳐도 몸 회복이 빠르고 부상도 당연하듯 받아들였는데, 어느 순간부터 아픔이 느껴졌다. 고통을 느끼는 순간 불안해지고 다치면 안 된다는 강박이 밀려온다. 이 부분이 가장 힘들었다. 그러다 보니 경기력도 떨어지고 모든 게 소극적으로 변한다. 최대한 다치지 않는 작전으로 경기를 뛰었다. 지금 이런 이야기를 선수들, 특히 후보생은 모른다. 이들은 무조건 달린다고만 생각하지, 부상 이야기를 하면 “당연한 거 아닙니까”라고 이야기하곤 하는데, 누구나 부상의 심각성을 깨닫는 시기가 온다. 나이 40이 넘어 다치면 부상에 대한 트라우마에서 헤어나오기가 힘들다. 운동이 좋아서 시작했지만 어느 시점에서 떨쳐 버릴 줄도 알아야 한다.

다른 선수와 경쟁할 때, 느끼는 압박감은 어떤가?
운동을 업으로 하는 모든 선수는 그런 종류의 긴장을 느낄 수밖에 없다. 승부의 세계가 그렇듯 자기 자신을 이겨야 하고 체력적으로 민감한 분야이지만 ‘할 수 있다’는 생각은 항상 한다. 경륜에서 현실적으로 노장 선수가 힘든 이유에는 여러 가지 요인이 있다. 부상 문제가 클 것이고, 정신적인 면, 실제 수입 측면에서도 그렇다. 젊은 선수는 잘 모른다. 개인 종목이어서 개인주의가 강하고 자신의 상태가 수입과 연결되고 자존심도 세다 보니, 좌절도 크다. 젊은 친구는 길게 선수 생활을 해야 하는데, 나는 다 알고 있으니까 안타까운 거지.

경륜 선수의 출신 배경은 대체로 어떤가?
경륜 선수로 등록하기 위해서는 이 훈련원을 거쳐야만 한다. 훈련생 중에서 경륜 선수를 선발하니까. 또 훈련원은 시험을 쳐서 통과된 사람만 입학할 수 있다. 어렸을 때부터 사이클 선수 생활을 하다가 자연스럽게 경륜으로 전환한 친구들도 있고 일반인 중에 몇 년간 개인훈련해서 시험을 4년간 네 번 보고 합격한 사람도 있다. 아직까지는 선수 출신의 비율이 더 높다. 비선수 출신들이 경륜을 시작하면 처음에는 조금 더딘데, 나중에는 성적이 잘 나오는 경우도 봤다. 국가대표 출신들도 경륜에 입문해 훈련원에 들어온다. 그런데 옛날과 달리 아마추어 선수들도 경기력이 뛰어나면 수입이 나쁘지 않다. 거기에 안주하는 선수도 있고, 도전하겠다고 해서 경륜에 뛰어들기도 한다. 여기는 프로다. 경륜 선수들이 사실 아마추어나 국가대표보다 실력이 더 좋다.

↑ 훈련생 경륜차. 경륜용 자전거는 자전거의 가장 기본 형태인 수평 탑튜브 다이아몬드 프레임에 고정기어이다. 프레임 색깔은 선수의 개성을 표현할 수 있는 유일한 수단이다.
↓ 짧은 점심시간 이후 벨로드롬으로 이동 중인 훈련생들. 그들은 이곳에서 숙식 및 생활 전반을 함께 한다.

코치와 훈련생. 영주 경륜훈련원 벨로드롬 연습장은
경륜 선수가 되고 싶은 훈련생의 꿈이 영그는 공간이다.

KSPO

길이 333m, 최대 경사각 30°에 이르는 벨로드롬에서
선수들은 시속 70km를 넘나드는 속도로 질주한다.

경륜 선수가 자기의 개성을 드러낼 수 있는 유일한 수단이 자전거일 것 같다. 경륜용 자전거는 규제가 많은 반면 색깔은 좀 튀는 듯하다.

선수들 입장에서는 색깔만큼은 자기가 원하는 대로 하려 한다. 색이 튀면 선수들이 더 관심 있게 본다. 새로운 색깔이라고 하면서. 또 뭔가 경기가 잘 안 풀리고 기록이 안 나온다 싶으면 기분전환 겸 색깔을 과감하게 바꿔 보기도 한다. 다른 선수가 잘 타면 저 색깔로 나도 가볼까 하고. 내가 특별히 좋아하는 색은 단색 계열이다. 내 자전거는 흰색, 파란색이었다.

일상생활에서도 자전거를 타는가?

이곳 지도자 중 경륜 선수 출신은 내가 처음이다. 그동안 심판, 코치, 아마추어 선수 출신이 훈련생을 지도했다. 경륜 출신이 있어야 하는데, 사람이 없었다. 그래서 지금 내가 해야 할 일이 많고 바쁘다. 주말에 여가 시간이 있지만, 이상하게 자전거는 안 타게 되더라. 어느 정도 마음에 여유가 생기고 생활이 안정되면 타야지 싶다. 초등학교 때부터 탔으니까 거의 42년 동안 자전거를 탔다. 계산을 한번 해보니 어떤 분야의 운동을 한 사람들 중에서도 가장 오래 운동을 한 것 같다. 남들이 자전거 타고 어디 여행 간다고 하면, "네, 하십시오. 조심해서 다녀오세요"라고만 하지.

↗ 사이클 전용 트랙 경기장인 벨로드롬은 경사진 돔형태 경기장과 타원형 경주로가 특징이다. 경기장 위치와 시설 구조가 기록에 큰 영향을 미치기 때문에 벨로드롬 설계 및 대회 개최 요건이 매우 까다롭다. 영주 훈련원 벨로드롬은 변형이 거의 없는 원목 아프젤리아로 만들어졌다.

↓ 사이클 선수는 단거리에 힘을 몰아 고속으로 달려야 하기에 유달리 허벅지 근육이 발달한다.

CHOUNG WOONG

BICYCLE PRINT

MARCH 3

오월의종 호밀빵. 호밀의 비율이
높아 투박하고 거칠지만, 식사로 손색이 없다.

이태원 대로변, '오월의종'이라는 빵집. 오전 11시쯤 부터 손님들이 슬금슬금 모여들어 오후 1시쯤 되면 그날 빵이 다 팔려 나간다. 지난해 가을, 주택가 호젓한 골목에 단풍나무점이라는 이름의 2호점을 오픈했다. 이곳에서 주인장 정웅은 거칠고 단단한 호밀빵을 만든다. 빵집 마당 한 켠에는 MTB 자전거가 한 대 놓여 있다. 골목 세상을 쏘다니고 싶을 때 발이 되는 자전거이다. 정웅에게 자전거는 머리칼 날리며 질주하는 게 아니라, 조그만 집들과 세탁소, 구멍가게가 이어진 골목의 정겨운 세상살이를 엿보게 하는 산책자의 자전거이다. 봄꽃 터지던 4월 어느 날, 단풍나무점을 방문해 자전거 이야기를 들었다. 빵 얘기도 함께.

정웅 15년 경력의 제빵사로 이태원에서 오월의종이라는 베이커리를 운영한다. 대기업에 다니다 1990년 서른한 살의 나이에 리치몬드제과점에 들어가 빵을 배웠으며 2년간 수련생으로 일했다. 현재 6년째 이태원 오월의종을 성공적으로 운영하고 있으며 지난해 인근에 유럽식 호밀빵을 전문으로 하는 단풍나무점을 오픈했다.

오월의종은 서두르지 않으면 빵 사기 힘든 곳으로 유명하다.

고민이다. 요즘은 특히 손님이 밀집해서 오시는데, 가게를 열기도 전에 미리 와서 한 번에 많은 양을 사간다. 멀리서 오신 손님에게 드릴 빵이 없다. 한번은 부산에서 KTX 타고 오신 분도 있었는데 오히려 내가 원망스럽더라. '왜 오셨어요, 부산에서 사 드시지' 하고 서울역까지 택시비를 챙겨 드린 적도 있다. '빵을 더 만들어야 하나' 생각이 많다. 난 좀 이기적인 것 같다. 즐겁게 일할 수 있는 생산량을 고집하는 편이다. 같이 일하는 친구들도 빵 만드는 것이 좋아서 시작한 사람들이어서 이것이 일이 되면 너무 힘들어진다. 빵 만들기를 통해 꿈을 이루려는 친구들이기 때문에 즐겁게 배우는 방향으로 상황을 맞춰야지, 끝없이 생산해야 한다면 글쎄. '하루에 한 번만 만들자. 대신 한 번 만들 때 정성 들여 만들어 보자. 매일 똑같은 맛을 유지하려면 잘할 수 있는 만큼, 즐길 수 있을 만큼만' 만드는 게 중요하다.

다른 곳과 비교될 정도로 몇 년째 가격이 똑같다.

가격 올리기가 귀찮다. 가격표도 일일이 다시 써서 고쳐야 하는데, 대충 머리를 굴려 봐도 적자는 아니니까 지금 정도도 괜찮다.

작년 가을에 오픈한 오월의종 2호점인 단풍나무점은 골목에 있다.

손님이 듬성듬성 오는, 더 투박한 빵을 내는 빵 공장을 새로 만들고 싶었다. 그래서 골목에 자리한 정원이 있는 주택을 택했다. 파는 것보다는 만드는 게 좋기 때문에 이 공간에서 빵 만들기를 더 재밌게 할 수 있는 것 같다. 여기선 손님과 빵 얘기를 자주 한다. 어떤 빵인지, 뭘로 만드는지, 어떻게 먹는 게 좋은지. 때로는 잘못 알고 있는 분의 오해도 풀어 주기도 한다. 우리가 하는 호밀빵이나 단단한 빵들, 설탕이나 버터가 들어가지 않는 투박한 빵이 아직도 한국에서는 주류가 아니다. 또 건강한 빵, 웰빙 빵에 대해서도 선입견이 있는 편이다.

선입견이라면?

이게 건강해지는 빵이 아니다. 빵 먹어서 건강해지면 왜 팔겠어, 내가 다 먹지(웃음). 그냥 편하게 식사용으로 드시라고 말한다. 몸이 건강해지고 싶으면, 빵 말고 약국 가서 비타민제 사 먹는 게 낫다. 설탕, 버터 좀 들어간 게 오히려 더 좋다. 조미료가 좀 들어간 김치찌개가 맛있듯이 설탕, 버터가 어느 정도 들어간 빵도 괜찮다고 하면서 편하게 드시라고 한다. 그런 것에 집착하면 빵을 즐기지 못한다.

자전거 타고 방문하는 사람도 있나?

자전거 타고 많이 오신다. 전문적으로 타는 분도 있고 천천히 동네 마실 돌다가 들르는 분도 있고. 내 자전거가 가게 앞에 세워져 있으면 이것저것 물어 보기도 하고, 자전거 용품을 가져다 주시는 분도 있다.

당신 자전거가 튼튼하고 실용적으로 보인다.

산악용 자전건데 MTB 중에서도 프리라이더라고 해서 구조가 일반 도로보다 험한 길에 맞게 만들어진 자전거이다. 그렇다고 내가 산에 가느냐? 안 간다. 용도는 골목길 산책이다. 골목에서 천천히 다니는 것을 좋아한다. 턱도 있고 계단도 있는 골목길에 맞춰진 것을 고르다 보니 이렇게 생긴 자전거를 선택했다. 빨리 달릴 필요가 없기 때문에 로드 자전거보다는 이게 편하다. 자전거가 전문 MTB같이 생겨서 산악 타냐는 질문을 많이 받는데, 그렇지 않다.

자전거를 탄 지는 얼마나 됐나?

처음 타 본 것은 어렸을 적 훔친 자전거였다. 그때 걸려서 경찰서까지 갔다. 자전거와의 첫 인연이다. 너무 타고 싶었다. 자전거를 살 수 있는 형편이 아니어서 아무 생각 없이 타 본다는 게 그만 훔쳐 타고 말았다. 동네 쌀가게 짐자전거였는데, 길가에 세워져 있던 그 무거운 자전거를 그냥 탔다. 넘어져서 자전거에 기스도 났다. 형이 와서 자전거 주인에게 사정하고 돈 좀 쥐어 드리고 해서 훈방됐다. 정확히 기억한다. 홍제동 뒷골목이었다. 자전거를 정말 좋아해서 지금까지 살면서 자전거와 떨어져 본 적이 없다. 군대에서도 항상 자전거를 곁에 두고 지냈다.

처음 돈 주고 내 자전거를 산 것은 언제인가?

중학생 때. 당시 자전거를 고치고 파는 곳을 자전거포라고 했는데 거기서 아저씨가 중고자전거에 색을 한 번 칠한 것을 샀다. 그걸 타고 홍은동에서 구파발, 파주까지 다녀오곤 했다. 당시 일산이나 파주는 아무것도 없는 허허벌판이었다. 큰 길 따라 계속 달려가는 게 아니라 마을 나오면 이 마을 저 마을 둘러보고 그렇게 천천히 가면서 파주까지 갔다가 돌아오곤 했다. 지금 일터도 집도 이태원이다. 자전거 타고 골목골목 다니는 재미가 있는 동네이다. 언덕도 많고 계단도 많지만 의외의 장소들이 흥미롭다. 길이 좁으면 좁을수록 재미있다. 조그마한 가게, 사람 사는 모습들. 오래된 동네 골목길이 좋다. 홍대 옆쪽 철길 따라 있는 동네가 6·25 때부터 형성되었던 마을인데 굉장히 오래된 동네이다. 창전동 같은 곳도 굉장히 재미있다.

빵 만들기 전에는 무슨 일에 종사했나?

대학 졸업하고 대기업 시멘트 회사에 다녔다. 대학 전공이 무기재료였다. 공부를 더 하고 싶어서 대학원에 입학해 놓고 군대를 ROTC로 다녀왔다. ROTC로 있는 동안 술 한 번 안 마시고 학비를 모았다. 전역하고 대학원에 들어가야 할 때, 아버지가 사고를 치셨다. 사업이 망해서 그 학비를 다 쓸어 넣어야 하는 상황이었다. 대학원은 포기해야 했다. 일단 돈을 벌어야 할 것 아닌가. 친구 손에 이끌려서 시멘트 회사에 들어갔다. 사실 내 전공과도 비슷했다. 무기재료가 시멘트니까. 정말 신기한 게 시멘트 회사의 연구소나 대학 연구실에 가 보면 이 빵 공장의 부엌과 똑같다. 믹서기가 있고 오븐도 있고 실온을 위한 냉장고, 냉동실까지 똑같이 있다. 무기화학을 전공한 것이 나중에 굉장히 도움이 되더라. 전공 지식 가지고 어디 써먹겠나 싶었는데 빵 만들다 보니까, 빵이 발효되고 구워지는 과정을 남에게 설명할 때 유리하다. 분자식까지 이야기해 버리면 완전 전문가로 여겨질 거다.

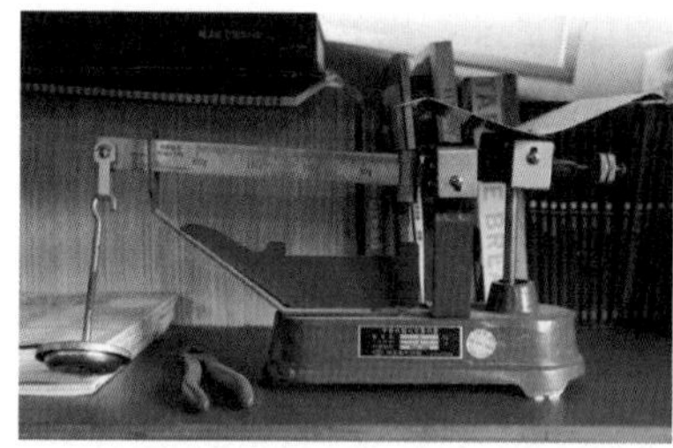

제빵 일을 시작한 계기는?

술 마시고 과장을 두들겨 팼다. 맨날 못되게 구는 과장이 있어서, 박 과장이라고. 그렇게 사표를 쓰고 나왔을 때, 작은 회사를 차린 선배가 오라고 해서 거기서 좀 더 일했다.

어렸을 때 산속 기도원에서 지낸 적이 있다. 거기에 아궁이에 불을 때어서 빵 만드는 분이 있었다. 빵은 오븐에서 나온다고 생각했는데 이분이 아궁이에서 식빵을 꺼내는 거다. 전깃불도 안 들어오는 산속에서 식빵을 꺼내 주니 너무 좋았다. 선배 회사에서 잘 지내다가, 어느 날 거래처에 방문했다. '우리 회사 제품 써 주십시오' 하는 상황이었다. 다른 회사 부장님이 그 거래처에 오더니, 나와 똑같은 일을 하더라. 그걸 가만히 보고 있는데 '내가 몇 년 뒤 부장이 되어도 똑같은 일을 하겠구나' 하는 생각이 들면서 문득 왜 살아야 하나 싶었다. 정말 내가 하고 싶은 게 뭐지? 그때 옛날 산속 아궁이에서 나온 빵에 대한 기억이 떠올랐다. 바로 사표를 내고, 우여곡절 끝에 빵 학원에 찾아갔다.

홍익대 앞 서교동에 있던 리치몬드 제과점이다. 학원도 같이 하는 큰 제과점이었다. 가장 긴 코스를 신청했다. 이 코스는 진학을 위한 커리큘럼으로 맞춰져 있었다. 담당자가 나이가 너무 많아서 안 된다고 하더라. 그런데 뒤에 있던 아저씨가 "아니, 자기 돈 내고 배우겠다는데, 해줘" 하더라고. 그분이 리치몬드 사장님이었다. 우리나라 빵 업계에서는 최초로 명장이라는 칭호를 받으신 분이다. 여하튼 그분 덕에 빵을 시작했다. 그때 녹번동에 살았다. 빵 배우러 다니는 동안 매일 자전거로 출퇴근했다.

제빵을 배우기에는 좀 늦은 나이었나?

당시 리치몬드 제과점 최고 책임자가 나랑 나이가 같았다. 그 밑에 직원이 60명이고, 내가 제일 낮은 직급이었다. 그 차이가 얼마나 큰가. 얼마나 늦게 시작했는가를 느낄 수 있었다. 제로 그라운드였고, 모든 것을 처음부터 배웠다.

유럽식 호밀빵을 취급하는 곳이 늘고 있다. 대부분은 유학파들이다.

그런 것을 사람들이 많이 물어 본다. 어디서 배우셨냐고 처음에 꼭 묻고, 한국에서 배웠다고 하면 다들 신기해 한다. 처음 배울 때 이런 빵을 제대로 해보고 싶은데 가르쳐 주는 곳은 없고 결국 해외 나가서 습득해 와야 하는 상황이었다. 당시 결혼도 했고 재정적으로 힘들어서 그럴 수 없었다. 결국 방법은 책이었다. 외국 책으로 독학했다. 물론 책만으로는 안 된다. 테스트를 계속 해야 한다. 처음 일산에 내 제과점을 오픈했을 때 책 보면서 테스트했다. 팔려고 한 게 아니라 순전히 실험이었다. 왜 책대로 안 되지? 그렇게 매일 밤샘 연습을 했다.

사실 내 취향도 그렇고, 투박하고 단단한 호밀빵을 좋아한다. 매끈한 모양을 가진 빵이 아니라 빵 같은 빵. 지금도 모토가 '빵 같은 빵'이다. 매일 같은 빵을 구워도 그 맛에 변함이 없는 빵. 뭔가 특별한 기능이나 기교가 더해진 게 아니라 빵 같은 빵을 만드는 것. 내가 좋아서 시작했고, 내가 좋아하는 만큼 하고, 남한테 간섭받기도 싫다. 그저 내가 좋아하고 즐겁게 만들 수 있는 빵을 만드는 것이다.

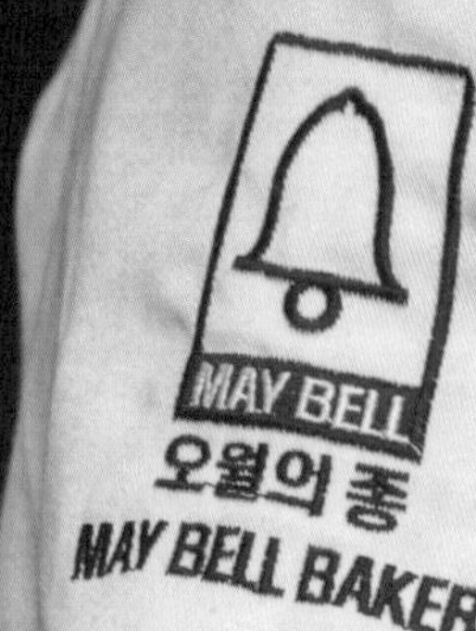

비지스의 'First of May'라는 노래가 좋아
가게 이름을 메이벨(May Bell)이라
지었는데, 손님들이 언젠가부터 '오월의종'이라
부르면서 결국 가게 이름이 됐다.

'빵 같은 빵'이 과연 뭘까?

끼니를 해결하는, 식사로서의 빵이다. 물론 좋은 기계와 재료가 많지만, 결국 배고픔을 채우기 위해 만들어진 음식이 빵이다. 재료의 고급화보다는 빵을 만들고 먹는 사람들의 이야기에 끌렸다. 빵이 맛있다는 의미가 입에 들어가서 살살 녹을 정도라는 의미도 있겠지. 그런데 이런 것도 있다. 배고플 때 먹는 빵, 옆의 친구에게 한 덩이 떼어 주고 먹는 빵에 대한 기억 말이다. 한번은 오월의종을 오픈하고 얼마 안 돼서 길 앞에서 늘 잠자는 노숙자 한 분이 문을 쓱 열고 들어왔다. 속으로 겁이 났지. 지금도 생생한데, 모카빵 하나 달라고 하더라. 그때 "이 양반 돈도 없을 텐데"라는 생각에 주저하고 있는데, 부스럭부스럭 뒤지더니 값을 다 치르고 빵을 가져갔다. 이 사람이 다음 날 또 왔다. 이분 하는 말이, 빵이 정말 맛있다고, 어제 자기가 하루 종일 구걸한 돈을 전부 투자했지만 전혀 아깝지 않다고. 순간 머리가 띵했다. 2,500원이 그 사람에게는 전 재산이었다. 앞으로 빵 만드는 일이 재미있겠구나 하는 느낌이 들었다. 너무 의미를 부여하는 것인지 몰라도 나로서는 어떤 시발점이 된 일이다.

왜 일산에서 이태원으로 옮겼나?

일산에서 하던 첫 빵집이 보증금도 다 날리고 망했다. 장사가 안 됐거든. 심지어 어떤 사람은 우리 가게를 신고까지 했다. 호밀빵을 처음 먹어 보면 시큼하고 딱딱하다. 오래된 빵 팔아 먹었다고 신고하더라고. 여하튼 그렇게 일산에서 빵 장사가 잘 안 됐다. 월세도 내기 힘들어서 결국 가게를 뺄 수밖에 없었다. 그러다가 아는 분이 '이태원에 조그마한 가게가 났던데' 하길래 그냥 가 봤다. 당시 자본금이 하나도 없는 상황이어서 구경만 하고 나와야겠다 그랬는데 부동산 사장님이 오시더니 "뭐 할라고?" 해서 빵집이라니까 "얼마가 필요해?"라고 하면서 그 자리에서 보증금을 빌려줬다. 그날로 계약서를 다 썼다. 신기하지 않나? 나중에 그분께 물었다. 뭘 보고 그렇게 투자하셨냐고. 그분이 말하길, "옆집이니까 도망갈 일은 없을 거고, 시끄러운 데가 들어오는 것보다는 빵집이 낫지" 하더라(웃음). 드라마 같은 일이다.

↘ 진열대 곳곳에 정웅의 드로잉이 놓여 있고 빵과 관련한 책들이 쌓여있다.

가게 간판인 바게트 그림이 멋있다. 직접 그렸나?

고작 낙서 수준이다. 예전부터 머리가 나쁘다 보니까 책 읽는 것엔 별로 취미가 없고 빵을 하다 보면 중간중간 남는 시간이 길지가 않다. 그 시간에 할 수 있는 거야, 끄적끄적 그림 그리는 것밖에 할 수 있는 게 없으니 낙서하는 거다. 그림 그린 지는 꽤 오래되었다. 중학교 때 이상한 그림 그려서 팔아먹기도 하고, 자전거로 파주까지 끌고 가다가 중간에 멈춰서 이것저것 스케치하고 돌아오기도 했다. 그렇게 즐기기만 하는 정도다.

앞으로도 자전거는 골목을 산책하는 용도일까?

그 정도가 좋을 것 같다. 빵이나 짐을 운반하거나, 장거리를 가기보다는 골목골목 돌면서 구경하는 수단. 예전 살던 홍제동에는 허름한 골목이 참 많았다. 골목이 각이 져 있고, 꺾어지는 지점에선 안 보이던 것이 나타나고, 코너를 돌 때 나타나는 새로운 풍경들, 깜깜한 골목을 다니다 보면 보이는 작은 가게, 그 앞에 동네 애들 쭉 앉아 있는 그런 모습이 좋았다. 지금도 가끔 이런 표현을 쓴다. 나중에, 여기 이태원이 아니더라도 어느 골목 모퉁이를 돌아서면 보이는 빵집을 할 거라고. 그런 게 좋다. 막연히 사라져 가는 것에 대한 아쉬움이겠지. 자전거 타고 다니다 큰일 날 뻔도 했지만 말이다. 모퉁이에서 확 돌았는데 가파른 계단이 나와서 제대로 넘어졌다. '예전에 뭐가 있었지' 하고 자신 있게 확 틀었거든. 하수구 공사하는 데 빠지기도 하고. 내게 자전거의 의미는 바람을 가르며 달리는 것이 아니라 어디론가 천천히 다니는 것이다. 여태까지 살아오면서 초등학교 이후로는 늘 옆에 자전거가 있었다.

BELL

이 공간을 어떻게 운영하고 싶나?
이곳이 생기면서 비로소 좀 자유로워지는 것 같다. 현재 가게가 두 개인데 빵이 각각 다르다. 저 아래 가게(1호점) 빵이 모자라지만 내 입장에서는 다른 빵을 해보고 싶은 욕심이 크다. 다른 빵 만들면서 좀 숨어 지내고 싶은 마음도 있고. 손님들 오시는 것이 좋기는 한데 때로는 지칠 때가 있다. 커피도 팔고, 의자랑 테이블 좀 놔 달라고 하는 분도 있다. 그냥 밖에서 맛있는 음료 사 가지고 오시라고 한다. 편하게 드셔도 되니까.

당신에게 자전거는 무엇인가?
빵집을 시작한 이후 한 번도 휴가를 가 본 적이 없다. 이태원에서 6년이 됐다. 올해부터는 조금씩 아이들과 여행을 다니긴 해야 하는데, 두 아이가 모두 자전거 탈 만한 나이가 되었으니까 가까운 거리부터 조금씩 조금씩 같이 타려고 한다. 요즘 짬을 내 밤에 골목길을 다닐 때, 내리막길은 조심조심 가야지 하면서도 어떤 날은 그냥 브레이크를 다 놓고 달리면서, '아이구 이런 골목에서는 큰일 나지' 하고 정신 차리기도 하고. 자전거는 나를 다른 세계와 연결시키는 매개체인 것 같다. 잠시일 뿐이지만 일터를 떠나 세상으로 나가 산책할 수 있도록 해주니까.

← 정웅의 자전거는 울퉁불퉁한 골목길을 다니기에 적합한 다운힐 기종의 MTB 자전거. 그에게 자전거는 세상을 구경하기 위한 도구다.

POST

BIKE BUS

TECHNICAL
WORLD
GORE

610 일산 바이크버스는 이날 다섯 명이 함께 출근했다.
왼쪽에서 두 번째가 바이크버스 대표 '여니아빠'.

아침 6시 10분이면 어김없이 일산 호수공원에서 일산 610 바이크버스가 출발한다. 매일 아침 8개의 자전거 노선을 타고 집단 출근하는 모임이 바이크버스이다. 각 노선마다 약속된 정류장이 있어 사람들이 합류하고, 각자의 직장으로 빠지기도 한다. 한국 최대 온라인 커뮤니티 중 하나인 '자출사'(자전거로 출퇴근하는 사람들) 소모임인 바이크버스 사람들은 이렇게 20~40km에 이르는 출퇴근길을 '떼로' 달린다. 바이크버스 일산 라인의 창설자이자 '차장'으로 활동하다 최근 바이크버스 전체 대표를 맡게 된 '여니아빠'는 바이크버스가 생활을 어떻게 긍정적으로 변화시키는지 설파하는 데 주저함이 없다. 자세한 사항은 인터넷 켜고 '자출사' 검색!

바이크버스 인터넷 동호회 '자출사'(자전거로 출퇴근하는 사람들) 소모임 중 하나. 2009년에 출범했으며 수도권에서 현재 8개 노선을 운영 중이다. 바이크버스 대표는 닉네임 '여니아빠'로 불리는 김성래 씨. 일산 바이크버스 '차장'으로 3년간 봉사하다 최근 서울 바이크버스 대표 자리를 맡았다. 2011년 ‹바이크버스 타는 남자›라는 전자책을 출간했다.
www.cafe.naver.com/bikecity

바이크버스를 소개해 달라.

바이크버스는 닉네임 '하포인' 님이 주창해서 생긴 모임이다. 김포에서 일산으로 출퇴근하던 하포인 님이 자전거 출퇴근 모임이란 개념을 호주에서 처음 알아서 2009년 한국에 도입했다. 정확히 몇 명이 바이크 버스를 이용하는지 집계가 안 된다. 순전히 자발적인 모임이기 때문이다. 2009년 말부터 자전거로 출퇴근했는데 바이크버스라는 것을 알게 되어 2010년 일산 바이크버스를 만들었다. 얼마 전 하포인 님으로부터 바이크버스 대표를 맡아 달라는 요청을 받았다. 예전부터 부탁이 있었지만 일이 워낙 바쁘기도 하고 업무량이 불규칙해서 사양하다가 올해부터 대표를 맡았다. 선거 운동해서 당선된 것이 아니기 때문에 공약한 것이 없고, 야심 찬 목표나 의무가 없다. 그냥 이대로 각자 자신의 페이스를 잘 유지하면 좋겠다.

외부에서 보면 일반 자전거 동호회와 바이크버스가 크게 달라 보이지 않는다.

조금 다를 것이다. 일산 지역을 예로 들면, 자전거숍 중심으로 몇 개의 모임이 있다. 숍이 주도하는 MTB 동호회, 로드 동호회 등이다. 보통 이런 동호회는 주말 레저 위주의 취미 활동으로서 자전거를 타는 반면, 바이크버스는 취미가 아니라 생활이다. 출퇴근 목적으로 시작한 모임이어서 라이딩의 초점은 정말 일상에 있다. 버스처럼 노선이 있고 정류장에서의 정차, 출발 시간을 정해 둔다. 그 시간에 몇 명이 오지 않아도 출발한다. 공동 출퇴근을 하다 보니 일주일에 서너 번 서로 만난다. 자연스럽게 저녁 번개 모임을 가지면서 밥도 먹고 가끔 술도 한잔씩 한다. 멀리 가볼까 해서 주말에 어디론가 다녀오기도 한다. 주말 라이딩이 주목적이 아니다. 모임이 있으면 알아서 가는 정도다. 일산은 헤이리, 임진각과 가깝기 때문에 종종 다녀온다. 장거리 라이딩을 하고자 할 때는 미리 계획하고 투표해서 갈 곳을 온라인으로 정한다. 지난주에 강북 바이크버스 멤버와 춘천을 다녀왔다. 일산에서 출발해 북한강 자전거 길을 따라 쭉 가면 180km 정도 된다. 실제 자전거를 탄 시간은 6시간 반 정도이다. 중간중간 경치도 보고 사진도 찍는다.

게다가 바이크버스에는 강제성이 전혀 없다. 내가 명색이 바이크버스 '사장'인데 사람들에게 오늘 인터뷰 촬영 있다고 나와 달라고 해도 별로 나오지도 않는다. '촬영하니까 많이들 나와 주세요'라고 말하는 정도가 내가 할 수 있는 최선이다. 동호회의 목적이 레저와 취미, 친목이라면 바이크버스는 어디까지나 공동 자전거 출퇴근이 가장 큰 목적이다.

멤버 사이의 관계도 일반 동호회와 다른가?

바이크버스 회원들은 서로 무슨 일을 하는지 굳이 물어보지 않는다. 시간이 지나면 대충 알지만 처음부터 '나는 이런 일 하는데 당신은 뭘 해요?'라고 묻는 것은 뻘쭘한 일이다. 출퇴근을 같이 하다 보니 중간에 정거장에 쉴 때 잠깐잠깐 이야기한다. 그런 것이 쌓이면서 어떤 일을 하는지, 가족은 어떤지, 천천히 알아간다. 그러다 보니 관계가 좀 더 오래가는 것 같다. 인간적으로 친해지기 전에 처음부터 나이와 직장, 가족관계 따위를 알게 되면 실수를 범할 수 있고 때에 따라 상대에게 불편한 상황을 일으킬 수 있다.
나는 아직도 바이크버스를 타는 친구들, 나이가 어린 사람들에게도 존대를 한다. 또 주로 댓글로 소통하는 커뮤니티이어서 글을 쓰기 전에 한 번 더 생각한다.

멤버들. 서로 닉네임으로 호칭한다.
왼쪽부터 당찬대협, 회초리꺽고, 정릉도령, 쿠즈.

'차장'이나 '정류장' 등 바이크버스에서만 통용되는 용어가 있다. 룰이나 역할 분담이 있다면?
바이크버스 룰은 출퇴근 코스 중간에 정류장을 만들어 노선화해서, 시간에 맞춰서 정시 운행하는 것이다. 가령 일산 바이크버스는 오전 6시 10분 호수공원 정류장에서 출발한다. 6시 26분에 백석역 인근 정류장에서 사람들이 합류하고, 6시 40분에 방화대교 남단, 6시 50분에 안양천 정류장에 정차한다. 이후 각자의 직장으로 흩어진다. 이 시간을 지킨다. 특정 바이크버스 노선을 대표하는 사람을 '차장'이라고 하는데, 차장이 매일 자출기를 올린다. 이것 말고는 할 것이 없다.

바이크버스 노선은 어떻게 만들어 지는가?
내가 현재 다니는 코스는 처음 자출할 때와 변함이 없다. 물론 차도 구간이 있어서 처음 자출하는 사람에게는 위험할 수도 있어서 그룹 라이딩을 하면서 끌어주고, 뒤에서 보조한다. 우리나라의 도로 여건상 자전거 도로만 달려선 자출을 할 수 없다. 차도를 이용할 수밖에 없는데 아무래도 여럿이서 다니다 보면 좀 더 눈에 잘 띄고 안전을 확보할 수 있기에 단체 라이딩을 시작한 것이다. 바이크버스를 처음 시작한 취지가 안전이다.

자전거 장거리 출퇴근이 신체에 무리를 주지 않을까?
처음엔 힘들 수 있다. 나도 35km 거리를 달려본 것은 바이크버스가 처음이었으니까. 초반에는 자전거로 출근하고, 다음 날 저녁에 자전거로 퇴근하는 식으로 간격을 두는 게 좋다. 무리하면 몸이 지친다. 어느 정도 익숙해지면 오히려 자전거로 출퇴근을 못하면 스트레스가 쌓인다. 생활에 별로 지장은 없다. 퇴근 이후 회식이나 접대 자리가 있을 경우에는 자전거 퇴근을 핑계로 술을 거절할 수도 있다. 사무실에 캐주얼 옷과 정장을 미리 가져다 두고 때에 따라 맞게 갈아입는다.

바이크버스 활동이 일상에 활력이 될 수 있는 것 같다.
내 경우 자전거로 출퇴근하면서 육체적인 건강에도 도움이 되었지만 무엇보다 정신적으로 굉장히 도움이 되었다. 처음 자전거를 탈 때에 비해 체중이 10kg 정도 줄었다. 처음 체중이 85kg이었는데 6개월 만에 16kg나 빠지니까 주위에서 아프냐고 물어 보더라. 지금 75kg 내외를 유지하고 있다.

또 다른 측면에서는 처음 자출할 때 개인적인 상황이 별로 좋지 않았다. 자전거 라이딩을 시작한 또 하나의 목적이기도 한데, 정신적으로 안정이 되더라. 대학 졸업 무렵부터 커뮤니케이션, 광고, 행사 기획 업무를 하고 있다. 적성에 맞는 일이지만 잦은 야근과 철야, 주말근무 등 심적으로 힘든 일이다. 자동차로 출퇴근하면 집중도 못하면서 계속 일 생각을 한다. 대중교통을 이용하면 자주 퍼져 잔다. 한순간도 일에서 해방되지 못했다. 라이딩을 하면서 그런 집착을 조금 내려놓을 수 있었다. 직업의 특성상 굉장히 이기적이고 개인적인 성향이 되기 쉽다. 남을 배려하기보다는 내 자신이 항상 먼저인 거다. 여하튼 일에 치여 스트레스를 많이 받았는데, 자출과 자퇴를 하면서, 땀 흘리고 스피드를 느끼면서 그런 스트레스를 날려 버릴 수 있었다. 아울러 이기적으로만 생각하던 내가 조금은 마음의 여유를 갖게 된 것 같다. 또 다른 변화라면 인터넷 쇼핑몰을 어느 순간 너무 많이 들여다보고 있다는 것이다. 그놈의 '지름신'이 시도 때도 없이 찾아온다. 자전거로 출퇴근하면 교통비가 줄어드네 마네 하는데, 교통비가 줄어든 대신 지름신 탓에 돈이 더 들어간다.

초창기 자출 시절의 복장은 지금처럼 헬멧에 몸에 딱 붙는 쫄쫄이 기능성 의상은 아니었을 것 같다.

그렇다. 처음 출퇴근할 때는 집에 있는 트레이닝복에 운동화, 바람막이 잠바를 입었다. 근데 라이딩하다 보면 일단 기능성 의상에 눈길이 간다. "야, 멋있다"라는 느낌이 들 때가 많다. 처음에는 쫄바지가 무척 민망했다. 근데 입고 타다 보면 자전거 라이딩에 가장 효율적인 복장임을 알게 된다. 그래서 이걸 입는 것이고, 신발도 클립슈즈라고 해서 따각따각 소리가 나지만 고정이 잘 되니까 운동 자체에 효율성이 생긴다. 물론 고가 브랜드도 있고 저렴하게 살 수도 있는데 민감한 차이를 느끼다 보면 어느 정도 고품질을 찾게 된다. 그래서 다들 비슷한 복장을 하는가 싶다. 운동하는 사람들만 아는 건데 서로 만나면 개인적인 이야기는 거의 하지 않는다. 자전거, 장비 이야기뿐이다. 저녁 술자리에서도 자전거 얘기만 해도 시간이 모자란다. '뽐뿌'(펌프질하는 것처럼 물건을 사고 싶어하는 욕구)가 많이 생긴다. 좀 더 좋은 장비에 끌리는 건 어떤 취미든 마찬가진데, 사진이나 등산도 별반 다르지 않다.

다른 바이크버스 라인과 교류가 있나?

2010년 2월에 첫 연합 라이딩이 있었다. 연합 라이딩을 미리 계획한 것이 아니라 안양천 라인이 '의정부에 부대찌개 먹으러 갑니다'라고 번개를 날렸는데 중랑천 바이크버스가 "그럼 환영해 줄게"라고 응답하고 또 다른 노선에서 반응을 보여 많은 라인이 모이게 됐다. 2011년 공식 연합 라이딩을 시작했고 40명 정도 참여했다. 한강을 한 바퀴 쭉 돌면서, 인사 나누기를 했다. 작년엔 양평을 다녀왔다. 연합 라이딩은 각 노선별로 바이크버스를 운행하고 있어서 라인이 다르면 얼굴 보기가 힘들기 때문에 교류 차원에서 시작한 일이다. 또 다른 취지는 좀 더 많은 사람에게 바이크 버스를 알리는 것이다.

자출사와 바이크버스 커뮤니티의 온라인 활동을 보면 이렇게 활발한 온라인 공동체가 있을까 싶다.

자출사는 '자전거로 출퇴근하는 사람들'이란 뜻을 가진다. 실제로 자출사 내부에선 출퇴근보다 주말 모임, 주말 레저를 중심으로 많이 활동한다. 그런 의미에서 바이크버스가 자출사의 정체성을 가장 잘 보여 주는 소모임 형태가 아닌가 싶다. 댓글이 많이 달리는 이유는 사람들이 워낙 바이크버스를 좋아하기 때문이다. 지금이야 100개, 200개라지만 예전 한창 때는 1,000개 이상도 달렸다. 요즘 날이 추웠다가 슬슬 풀리는 시점이라 덜한데, 날 좋을 때는 아주 활발하다. 안양천 바이크버스가 안양천 합수부에서 겹치는 노선인데 안양천 노선 친구들이 좀 젊은 편이다. 그래서 안양천 노선과 일산선 노선이 온라인에서 죽이 잘 맞는다.

혼자 라이딩을 할 때와 그룹 라이딩은 무엇이 다른가?

속도는 함께 탈 때 더 빨라진다. 그룹 라이딩에선 앞 사람이 바람 저항을 막아주는 역할을 한다. 앞 사람이 앞에서 쭉 끌어주면 따라오는 사람은 바람 저항을 덜 받고, 선행 주자를 교대하면 덜 힘들다. 그래서 단체로 달리면 속도가 빠르다. 실제로 투르 드 프랑스(Tour de France) 같은 도로 사이클 경기를 보면 대부분은 그룹 라이딩이다. 막판에 한 사람이 튀어 나와 일등을 한다. 나는 혼자 탈 때도 가능하면 그룹 라이딩 속도를 맞추려고 노력한다. 혼자 다닐 땐 심적으로 편하다. 힘들면 쉬면 되는데 그룹 라이딩을 할 때는 내가 리딩을 하든 안 하든 관계없이 전체 페이스에 맞춰야 하고 도로 라이딩을 할 때는 차량이 많아 특별히 주의해야 한다.

평균 속도는 어느 정도인가?

내 경우 출퇴근 평속이 25km/h에서 26km/h 사이이다. 오늘 찍힌 것은 26.3km/h이다. 평속은 시작부터 끝까지 달린 거리를 시간으로 나눈 것이기에 평속 26km/h라면 라이딩 속도가 30km/h 이상이라는 뜻이다. 일산에서 방화대교까지는 30~34km/h 사이 속도로 달린다.

멤버들 차종은 어떤가?

내가 처음 바이크버스를 시작했을 때는 로드 자전거가 드물었는데 요새는 로드를 많이 탄다. 요즘은 로드 반 MTB 반 정도인 것 같다. 이것도 바이크버스 노선에 따라 조금 다르다. 일산 라인은 로드 자전거로 많이 바뀌었다. 안양 라인은 대부분 MTB, 강동 라인은 반반이다. 올해 초, 중고로 비싸지 않은 MTB를 구매했다. 거의 한 달간 인터넷 중고시장에 매복해서 뒤지는데 거의 멘붕이 왔다. 내가 도대체 뭐하고 있는 건가 하면서 한 달이 가더라. 카본 차체가 좋은 건 알겠는데 솔직히 말하면 값비싼 것을 사기에는 총알이 모자랐다. 스스로 위안 삼는 것은 출퇴근하는 거고, 내가 뭐 대회 나가는 것도 아닌데 그렇게 좋은 차가 필요하겠나 하면서도 여전히 매복이다. 이게 문제다.

↖ 안양천 합수부 정거장으로 이어지는 다리를 건너는 일산 바이크버스.
↙ 맨 선두에서 이끄는 사람을 '차장', 자전거 행렬에 합류하는 것을 '탑승', 탑승한 멤버를 '승객'이라고 부른다.

LOTTE
Chilsung cider
Gatorade
라면

Gatorade
세계 1위 스포츠 음료

바이크버스를 본떠서 서울시가 시행하는 것이 '자전거버스'이다. 이에 대한 생각은?

서울시가 바이크버스 개념을 서울시 정책으로 발전시키고 싶다고 해서 '자전거버스'라는 것을 한 달에 한 번씩 운영하고 있다. 바이크버스는 매일 출퇴근 라이딩인 반면, 한 달에 한 번 행사성으로 하는 자전거버스는 현실성이 별로 없지 않나 싶다. 하여튼 시에서 그런 정책을 펼친다는 것은 바람직한 일이긴 하다. 서울시에 자전거 정책과라는 부서가 있다. 여기서 시민들과 자전거 전문인, 자출사 멤버를 초청해서 포럼이나 세미나를 열었는데 나도 몇 번 참여했다. 공무원들이 여러 자전거 단체의 의견을 많이 듣는다.

(좀 미묘한 이야기일 수 있지만) 실제로 정책을 입안하고 집행하는 분들이 전시성 행정을 자주 한다. 그러다 보니 자전거버스가 녹색 교통수단이 될 수 있도록 하기 위한 것인지, 아닌지 애매모호할 때가 많다. 실제로 전 정권에서 자전거 도로를 많이 만들었다고 하지만 무리해서 한 게 많다. 효율적이지 않다. 이런 것은 하드웨어일 뿐이고 중요한 것은 생각이 변해야 한다는 것이다. 자전거가 차도로 다니는 게 당연하게 여겨져야 한다. 교통법에 그렇게 명시되어 있으니까. 운전자부터 시작해서 자전거 타는 분이나 일반 시민도 자전거는 어떻게 타야 하는지 인식해야 하는데 이런 것은 소프트웨어적인 것이어서 별로 티가 안 난다. 서울시가 정말로 자전거의 교통 분담률을 높이고 친환경 교통 환경을 만들고자 한다면 자전거 도로를 그저 건설하는 것보다 자전거를 안전하게 타는 법과 지켜야 하는 것 따위에 대해 지속적으로 알려야 한다.

앞으로 계획을 말해 달라.

지금까지 만 3년을 탔는데, 장거리 라이딩을 자주 못했다. 속초, 광양을 다녀온 것 외에는 없었는데 기회가 되면 자전거 여행을 하고 싶다. 전국 일주를 해보고 싶고, 정말 기회가 된다면 미국에 대륙을 횡단하는 유명한 자전거 행사가 있는데 거기 참여해 보고 싶다. 현재로선 꿈일 뿐이다. 체력부터 여러 가지 조건이 따라줘야 하니까. 그것 말고 특별한 계획은 없다. 출퇴근 라이딩에 만족한다.

610 일산선과 안양천선이 만나는 정류장 안양천 합수부. 왼쪽부터 바슈멧, 여니아빠, 두란테, 북악느림보, 빠샬, 휘슬보이.

MANIFESTO ARCHITECTURE

매니페스토 건축

BICYCLE PRINT

이미지: 매니페스토 건축 제공(100~104P, 109P)

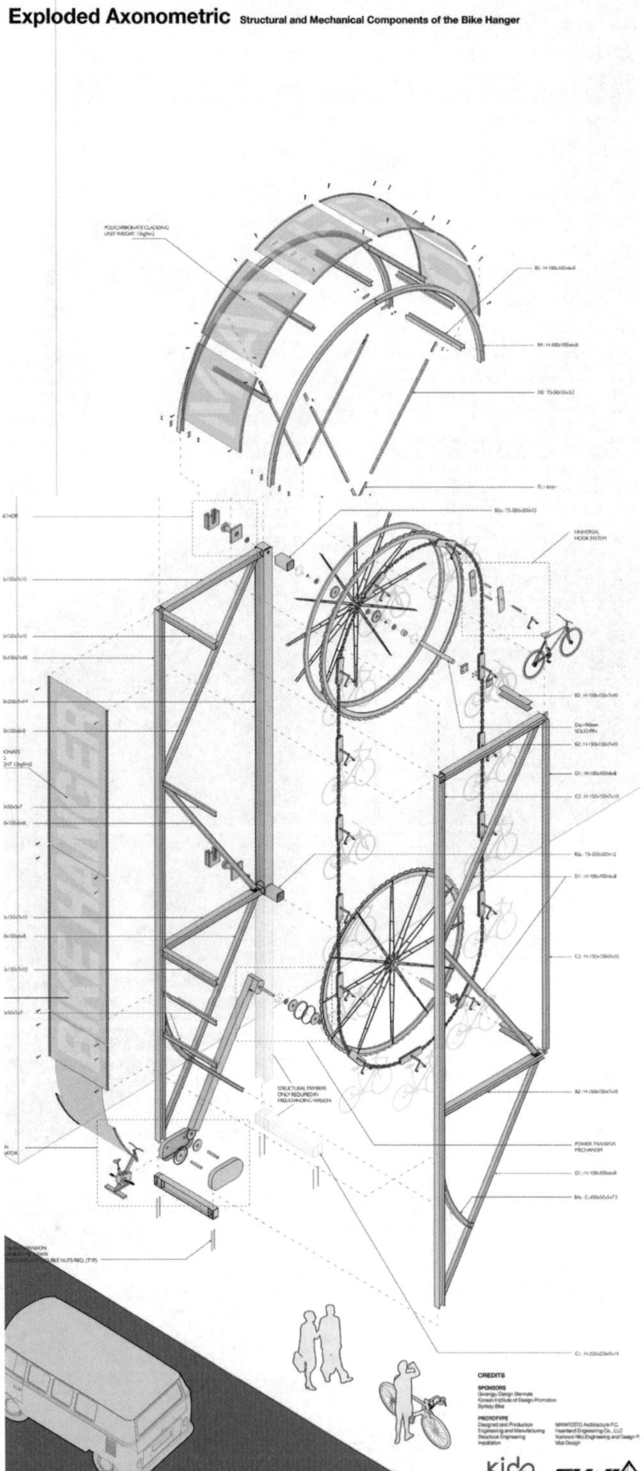
Exploded Axonometric
Structural and Mechanical Components of the Bike Hanger
UNIVERSAL HOOK SYSTEM
STRUCTURAL MEMBERS ONLY REQUIRED IN FREE-STANDING VERSION
POWER TRANSFER MECHANISM
CREDITS
SPONSORS
Korean Institute of Design Promotion
PROTOTYPE
Designed and Production
Engineering and Manufacturing
Structural Engineering
Installation
kidp

거대한 타원형 도르래 모양의 자전거 거치대. 바이크행어(Bike Hanger)의 외관이다. 작동법은? 자전거를 타듯 거치대 페달을 밟으면 자기 자전거를 찾을 수 있다. 설치 위치? 건물과 건물 사이 빈 공간이 딱이다. 유지비? 1년에 15달러라고 한다. 한마디로 친환경 교통수단인 자전거의 사회적 의미와 조응하는 '쿨'한 조형물인 셈이다. 안지용, 이상화 듀오의 매니페스토 건축이 바이크행어의 '발명자'이다. 개념과 기능, 사회적 요구를 조화시키는 이들의 재능은 바이크행어에 그치지 않는다. 본업인 건축은 물론 숟가락이나 포트와 같은 가정용품, 인테리어, 워크숍 프로그램에 이르기까지, 이들은 온갖 프로젝트에 '매니페스토'(선언)를 담으려 한다.

매니페스토 건축 안지용(40)과 이상화(36)가 뉴욕과 서울을 근거지로 활동하는 건축디자인 회사이다. 건물을 구성하는 복잡한 구조의 네트워크 아래, 기존 역사 건물을 노출시킨 시카고 유니온 역사안으로 2009년 시카고 건축상을, 새로운 개념의 자전거 주차시설인 바이크행어로 2011년 미국건축사협회 디자인상을 받았다. 현대 도시의 빈틈에 주목해 공동체가 지향하는 가치를 담은 건축 및 공간, 제품 디자인 활동을 펼친다.

바이크행어 작업으로 주목받았다. 어떻게 자전거를 테마로 작업했나?

처음 시작하게 된 계기는 2010년 서울디자인올림픽이라는 자유공모전이었다. 아무거나 제안해 볼 수 있었는데, 과연 무엇이 1등이 될지 전혀 알 수 없는 상황이었다. 그 당시 우리는 건축가가 무엇을 할 수 있을까, 생각했다. 건물을 멋지게 짓는 것 말고, 사람과 커뮤니케이션할 수 있는 건축이 있을까라는 관점에서 바이크행어를 구상했다.

세계적으로 인구가 증가하는 추세이고 그 인구가 도시로 몰려 교통이나 환경 문제가 심각해졌는데, 그 해결책으로 자전거가 다시 대두되고 있다. 자전거가 초점이 되면서 자전거 보관이란 문제가 또 제기됐다. '자전거 보관을 위해 거치대 같은 제반 시설이 생겨나는데 이것들이 정말 필요한가, 도시에 좀더 적합하고 자전거 본질에 맞는 자전거 보관시설은 무엇일까' 따위의 생각을 하며 건축적·환경적으로 해결할 수 있는 솔루션을 고심한 끝에 탄생한 것이 바이크행어이다.

바이크행어의 원리를 설명해 달라.

우선 바이크행어의 빈자리를 찜한다. 그다음, 안장에 앉아 페달을 밟아 돌린다. 빈자리가 가까이 오면 자전거를 걸면 된다. 작동원리는 기술적 난이도가 아주 낮아 누구나 직관적으로 이해할 수 있다. 사람의 힘으로 쉽게 작동시킬 수 있도록 하는 것이 중요했다. 인터넷을 통해 초기 구상이 알려졌을 때 정말 많은 사람이 댓글을 보냈다. 어떻게 하면 도난을 방지할 수 있는지, 위생 문제, 내구성 문제 등에 대한 아이디어를 제안해 주어, 말 그대로 집단지성 프로젝트처럼 됐다. 어떻게 귀찮게 페달을 밟느냐는 의견도 있었는데, 우리가 보기에 그런 사람은 자전거를 타지 않는다. 자전거를 탄다면 잠시 발 굴리는 건 일도 아니니까.

시스템 모듈을 연장하면 자전거 주차 대수도 함께 늘어난다.

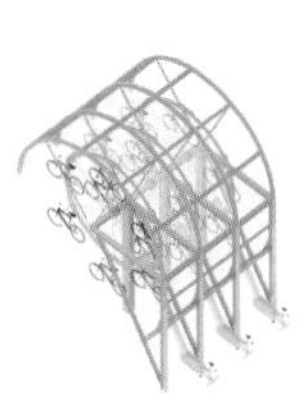
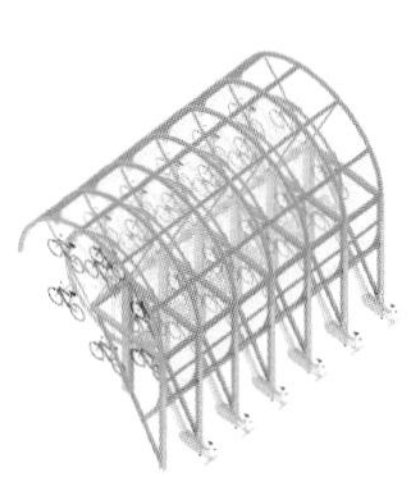
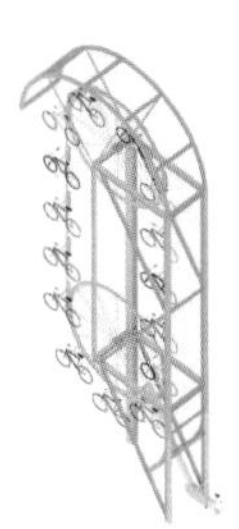

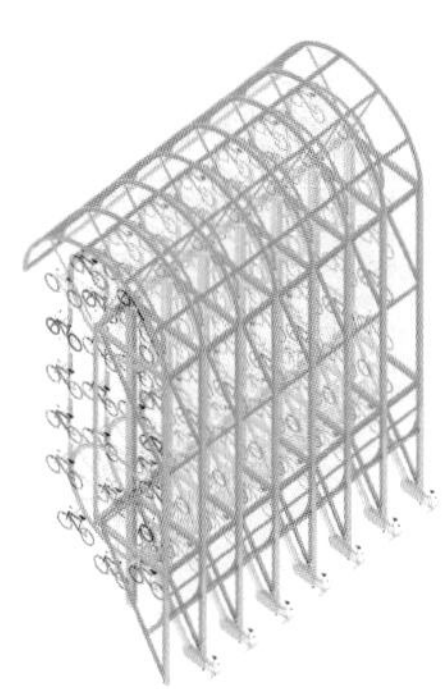

도난 문제는 어떻게 해결했나? 다른 사람이 페달을 굴려 내 자전거를 가져갈 수도 있는데.
두 가지 차원이 있다. 우선 잠금 장치를 설치해 이 장치를 풀어야 핸들이 내려와 페달을 밟아 자전거를 내리는 방법이다. 고차원 솔루션이다. 다른 하나는 제인 제이콥스(Jane Jacobs)라는 미국의 저명한 도시 전문가의 이론에서 착안했다. 문 닫은 백화점 안의 크리스마스트리 장식보다 길 한가운데 있는 트리 장식이 안전하다는 실제 실험이었는데, 다시 말하면 바이크 행어가 눈에 띄는 장치이고 사람들 눈에 더 잘 보일수록 도난 확률이 더 적어진다는 뜻이다. 바이크행어가 더 많은 사람들의 시선을 받을 때 어떤 잠금 장치보다 안전하게 자전거를 지켜줄 수 있을 것이다. 어쨌든 2011년 광주 비엔날레에 설치한 바이크행어에서는 도난 사건이 없었다.

광주 비엔날레의 바이크행어는 6대를 수용할 수 있다. 보관 대수가 그렇게 적은가?
12대나 18대까지 같은 시스템을 적용해서 만들 수 있다. 펀드와 시간 부족 탓에 크게 만들지 못했다. 일단 6대 사이즈로 해보자 한 것이 프로토타입이 됐다.

외국에서 문의가 자주 온다고 들었다.
자전거 주차 문제가 있는 지역에서 연락이 온다. 뉴욕, 런던, 시애틀, 포틀랜드 등등. 아쉽게도 바이크행어를 설치한 곳은 아직 없다. 광주 비엔날레에 설치한 것이 유일하다. 그런데도 지속적으로 연락이 온다. 지난 달엔 호주에서도 문의가 왔다. 도시, 대학, 대형 이벤트, 디벨로퍼(개발업자)들이 제안서를 요청한다. 바이크행어는 일종의 거대한 자전거라 할 수 있는데 일반 거치대보다 예산이 많이 든다. 실현 단계까지는 아직 가지 못했지만 이를 통해 다양한 사람들을 만나는 계기가 된 것이 중요하다. 우리가 건축 회사로서 사회와 연결된 첫 단추가 이 프로젝트이다. 어떻게 보면 바이크행어는 기한이 정해져서 종료되는 것이 아니라 계속 진행되는 프로젝트이다. 지금도 이론적 배경과 이야깃거리가 점점 더 많아진다. 2010년에 시작했는데, 2013년인 지금도 계속해서 자료와 제안이 들어오고 있다.

당신들은 어떤 자전거를 가지고 있나?
이상화: 내 자전거는 픽시(기어가 없는 자전거)이다. 자전거를 좋아하지만 지금은 시간이 나지 않아 모셔만 두고 있다. 뉴욕에서 출퇴근할 때 잘 타고 다녔다. 그 전엔 MTB를 탔는데 한참 못 타고 있다가 지금은 픽시를 탄다. 자전거에 대한 취향도 바뀌더라. 처음에는 사이클을 하고 싶어서 자전거를 시작했다가 요즘은 직접 커스텀으로 이것저것 만드는 재미가 크다. 확실히 자전거가 자신을 표현하는 수단이자 매체로 그 역할을 하는 것 같다.

안지용: 자전거가 3대 있는데, 애용하는 자전거라기 보다는 모두 바이크행어로 협찬받은 자전거이다(웃음). 보자마자 정말 내 것이라는 생각이 들 정도로 마음에 든 것이 픽시인데 초보여서 바라보고만 있다. 주변에 자전거 타다 넘어져서 다친 사람을 많이 봤다.

최근 매니페스토의 진행 프로젝트는?
중구난방이다. 일단 현장이 돌아가는 설계 작업이 몇 개 있다. 명동의 M플라자와 사무실, 주택 작업을 하고 있고, 아파트 인테리어와 상업시설 인테리어 프로젝트가 있다. 공공부문으로는 계룡시 공원 프로젝트, 덴버 개발 프로그램 프로젝트 등이 있다. 제품 디자인 분야에선 최근 숟가락, 포크 디자인을 했고 냄비와 밥솥 같은 부엌 제품과 와인 패키지 디자인을 하고 있다. 그 외 서울 디자인재단과 함께 공개 디자인 워크숍인 디자인잼 (Design Jam)을 운영한다. 매니페스토 내부적으로는 도시공간에 대한 연구를 차근차근 진행하고 있다.

스튜디오 이름이 '매니페스토'(선언)인 이유는?
처음 우리가 회사를 만들었을 때는 이름이 진생치킨(Ginseng Chicken)이었다. 처음에 천호석 건축가와 함께 세 명이 처음 사무실을 차릴 때 '뉴욕삼계탕'이라고 이름 짓고, 뉴욕에서 가장 한국적인 건축을 하겠다고 깃발을 세웠다. 이후 1년 반 정도 지나서 매니페스토로 바꿨다. 당시 우리가 하던 활동 중 하나가 북클럽이었는데, 그곳에서는 모든 사람이 어떤 서사를 가지고 주장하는 것이 뚜렷했다. 우리도 프로젝트 하나마다 어떤 서사와 주장을 담아낼 수 있지 않을까 해서, 우리 스스로 매니페스토가 되어서 프로젝트마다 사람들에게 전달하고 싶은 메시지를 담아내자고 한 것이다.
언제 방송사 기자를 만났을 때, 그 사람이 "당신들 공산당이에요?"라고 해서 웃었던 기억이 있는데, 물론 공산당이 가장 유명한 매니페스토(공산당 선언)이기는 하지만 그것만 있는 건 아니니까. 모든 건축가가 자기만의 매니페스토가 있는 것처럼 바이크행어나 숟가락도 그렇고, 건축, 인테리어도 그냥 예쁘고 멋있기만 한 것이 아니라 각자 메시지가 담겨 있었으면 좋겠다는 바람을 담았다.

이렇게 다양한 디자인 프로젝트를 아우르는 이유는?
요즘 건축이 건물만 지으려고 하는데, 가령 건물과 건물 사이의 공간도 건축의 대상으로 볼 수 있다. 건축이 건축 안에서만 소통하고 있지만 실질적으로 전 세계 건축계 인구가 전체에서 1퍼센트도 안 될 텐데, 우리는 나머지 99퍼센트와 소통하는 방법을 모색해 왔다.
우리에겐 그것이 바이크행어이고 숟가락이다. 우리 모토 중 하나가 '숟가락에서 도시까지'(From a Spoon to a City)이다. 19세기의 이탈리아 건축가인 에르네스토 로저스(Ernesto Nathan Rogers)가 이미 한 얘기다. 그는 건축가가 집뿐만 아니라 집에 놓여질 모든 소품을 디자인해야 한다고 말했다. 우리는 반대로 숟가락의 형태에 맞게 테이블 사이즈가 변하고, 집이 변하고, 도시가 변해야 한다고 말하는 셈이다.

매니페스토 건축은 하버웨어라는 제품도 디자인했다. 숟가락과 포크, 나이프 하단에 지지대를 설치해 냅킨을 깔지 않아도 된다.

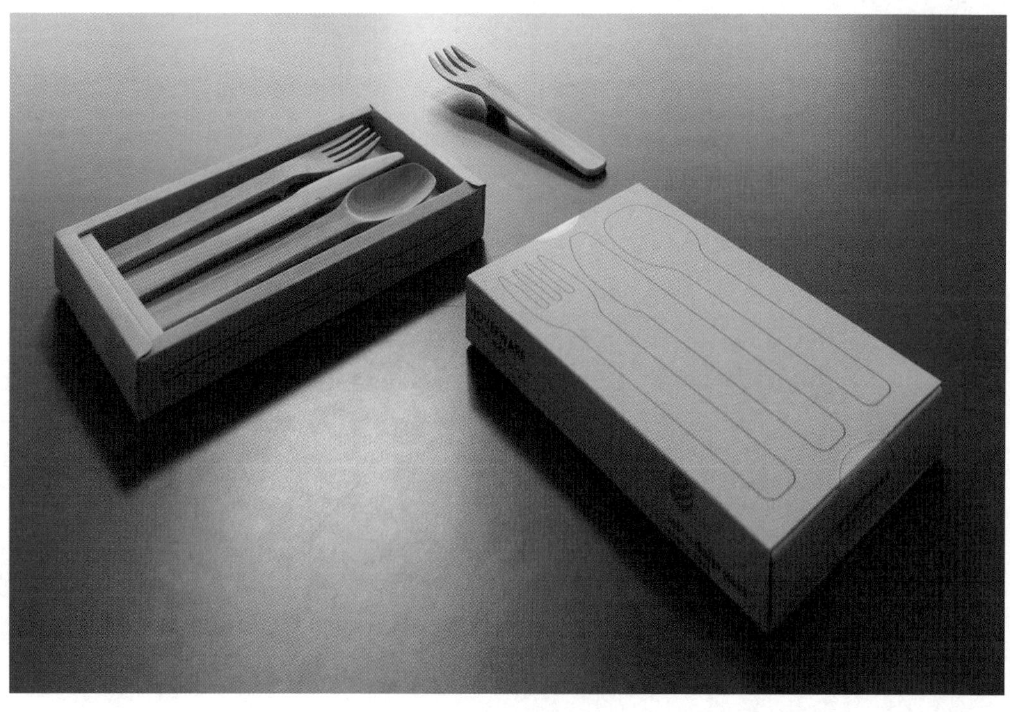

매니페스토 건축의 두 멤버,
안지용(왼쪽)과 이상화 소장.

금연

매니페스토의 건축을 어떻게 설명하겠는가?

바이크행어처럼 우리가 하는 건축도 심플하고 일차원적(low-tech)이다. 뭔가 꼬아서 작업을 못한다. 우리가 이해할 수 있는 것을 중심으로 한다. 기본 원리를 이해하고 우리가 아는 한도 안에서 사람들이 이해할 수 있는 건축과 제품을 디자인한다. 직접 자전거를 조립하고 커스텀하는 것과 유사하다. 현재의 디자인과 건축은 100~200년 전에 확립된 원리를 아직 다 활용하지 못한다. 그 원초적인 원리를 현대 디자인에 적용하는 데 집중한다. 기본 원리의 적용 방법을 연구하지 않은 상태에서 너무 컴퓨터제어 시스템에 의존하려는 경향이 있다.

차보다 자전거가 훨씬 많던 시절에는 자전거 기능 개선에 대한 고민이 컸다. 현재는 관심의 초점이 소재와 저비용 생산으로 옮겨 가는 듯하다.

건축도 비슷하다. 건축 원리보다는 형태와 재료에 너무 집착한다. '모더니즘 건축만큼 사회적 파급 효과가 있는 건축양식이 다시 등장할 것인가'라는 질문이 나온 적이 있는데 나의 대답은 '지금처럼 건축을 하는 한 절대로 나올 수 없다'이다. 실제로 모더니즘 건축이 당시 엄청난 파급효과를 가져올 수 있었던 것은, 기존 형태에서 새로운 형태가 갑자기 등장한 것이라고 생각하기 쉬운데, 그 형태가 나오기까지 사회현상과 건축기술 따위가 뒷받침되어 있었기 때문이다. 지금은 형태만 가지고 얘기한다. 사람의 생활과 사회를 바꾸는 양식의 건축이 다시 나오려면 기본적인 건축 원리로 돌아가 연구해야 한다.

이렇게 생각하기까지 한샘 조창걸 회장님이 많은 영향을 줬다. 그분을 처음 만났을 때 이런 질문을 하더라. '발터 그로피우스(Walter Gropius), 미스 반데어로에(Mies van der Rohe), 르 코르뷔지에(Le Corbusier) 중에 근대 건축에 가장 많은 영향을 준 사람이 누군가?'라고. 많은 건축가는 르 코르뷔지에라고 생각한다. 그런데 조창걸 회장님의 말이 "전 세계 건축을 바꾼 것은 결국 미스 반데어로에 아닌가"였다. 콘크리트가 아닌 철골과 유리가 건축소재로 새롭게 등장했고, 미스 반데어로에 이후에 세계의 마천루가 이렇게 변했다. 당시의 사회적 흐름과 사람들의 의식 변화, 공업의 발달이 뒷받침된 것이다. 소재 차원이 아니라는 말이다. 바이크행어도 마찬가지다. 자전거 작동 원리, 자전거 거치대로서의 용도, 사람들의 기호, 우리 사회의 환경 따위를 복합적으로 고민한 결과이다.

우리나라 자전거가 일상 문화에 가까이 다가오는 듯하다.

가장 중요한 것은 결국 사람들의 생각인 것 같다. 하지만 인식 변화는 한 번에 되지 않는다. 뉴욕 시의 경우, 자전거 타는 사람의 불만은 차량과의 싸움에 있고, 자전거 주차와 도난도 큰 이슈이다. 일전에 뉴욕 시 관계자와 얘기한 적이 있는데, 할아버지와 할머니들이 자전거를 굉장히 싫어한다고 한다. 자전거는 도로와 인도를 다 다니고, 보행자 입장에서는 자전거가 인도를 휙 하고 지나가면 위험하다고 느낀다. 그렇게 보면 인도에 자전거 거치대를 두는 것 자체가 보행자에게는 불편한 환경이다. 뉴욕 시도 인도에 대여용 자전거를 쭉 주차해 둔다. 보행자 편의를 세심하게 고려하지 못하는 것이다.

인식 변화는 어떻게 해야 될까?

억지로 되는 것은 아니다. 도로에는 고려해야 할 다양한 요소가 있다. 일본의 경우, 좀 특별한 것 같다. 일본에서는 자전거 타고 가다가 그냥 역 앞에다 세워두고 바로 지하철을 탄다. 아무도 훔쳐 가지 않고 주인도 별 걱정을 하지 않는다. 신기해서 물어 봤더니 "왜, 그냥 가면 안 되나요?"라고 반문하더라. 예전에 우리나라에서 식당에 신발을 벗고 들어가면 누군가 훔쳐 갔지만 이제는 그런 사람이 없다. 자전거도 신발처럼 자연스러운 일상의 대상이 되면 그냥 거기다 두고 가면 되는 것이다. 우리나라에서 자전거는 생활문화라기보다는 아직은 소장용인 것 같다. 그에 비하면 뉴욕에서는 싸구려 자전거, 아무리 노후한 자전거도 훔쳐 간다(웃음). 안장만 가져가고 바퀴 떼어 가고. 빈민층이 많아서 그런 것 같다. 뉴욕 시에서는 택배나 퀵서비스 자전거 운전자가 허리에 어마어마한 체인을 감고 다닌다. 눈 깜짝할 사이에도 훔쳐 가기 때문에.

→ 2011년 광주디자인비엔날레에 설치한 바이크행어.

자전거가 생활화되기 위해서는 인식 변화 외에 또 무엇이 필요할까?

걷기 좋은 동네가 자전거 타기에도 좋다. 도시를 걸을 때 볼 수 있는 것이 많아야 한다. 사실 강남을 걷다 보면 볼만한 게 하나도 없다. 삭막하니까. 문화적인 인프라가 같이 있어야 한다. 일본의 경우 정부 차원에서 자전거 문화를 밀었겠지만 먼저 무엇을 고민했는가를 따져 보면, 자전거 자체가 아니라 자전거를 탈 수 있는 마을 단위의 커뮤니티, 다시 말해 골목골목을 살리면서, 정부가 자전거 산업, 경륜을 밀었을 때 여기에 같이 호응해서 파급효과가 난 것이다. 우리가 그대로 한다고 일본처럼 될까? 모든 것이 맞물려야 한다. 서울에서 자전거를 타지 않는 이유가 강남 대로변이나 아파트 단지에서는 자전거를 탈 때 그다지 볼 게 없어서이다. 한강 굴다리를 나와서 집까지 가는 길에 정말 아무것도 없다. 아파트 단지로 이어지는 옹벽, 고속도로, 다리 이외에 눈길을 끄는 게 없는데 무슨 재미로 자전거를 타고 집까지 갈까? 강북이 자전거를 타기에 훨씬 좋은 인프라를 갖고 있다. 골목이 살아 있는 곳이 그래도 좀 남아 있으니까.

현재 매니페스토의 중요한 이슈는 무엇인가?

한국에는 건물 사이에 어느 정도 공간을 띄어야 한다는 법이 있다. 그걸 보면서 유휴 공간이 너무 아깝고 저기서 무엇을 할 수 있을지 고민한다. 도시 빈 공간의 활용 구상 중 하나가 바이크행어이다. 다른 구상 중에는 옹벽(땅을 깎을 때 생긴 비탈이 무너지지 않도록 만든 벽)을 어떻게 이용할 수 있을까 하는 것도 있다. 서울에선 어떻게든 비탈진 땅도 개발하다 보니 옹벽이 많이 세워졌다. 아파트의 경우, 지하 주차장을 확보해야 하기 때문에 아파트가 높아지면서 거대한 옹벽이 생겨난다. 많은 생각이 교차한다. 어떤 시야를 가진 보행로를 만들 수 있을지. 자전거와 연결되는 도시 이야기가 정말 풍부하다. 자전거를 통해 많은 것이 보이고, 보이는 만큼 배우고 있다.

매니페스토 건축은 건물 설계, 인테리어뿐만 아니라 제품 디자인, 디자인 워크숍까지 다양한 프로젝트를 수행한다.

IDA KYMMER

이다 킴머

IDA KYMMER

저널리스트 출신 이다 킴머의 관심사는 다양하다.
분쟁 관련 도서, 소설, 시, 음악, 명상 등등.

이다 킴머

글을 쓰고, 음악을 하는 이다 킴머는 한눈에 보기에도 사색가의 면모가 드러난다. 스웨덴 시골 마을에서 성장한 이다 킴머가 유년을 회상할 때, 그녀가 묘사하는 목가적인 정경은 듣는 이에게 한 편의 짧은 영화를 보는 것 같은 아스라한 환영을 선사한다. 스크린에는 그녀의 시골 집과 등굣길, 숲 속으로 이어진 길과 가족과 함께 떠난 여행지가 나온다. 잘 보면, 그곳엔 언제나 자전거가 있다. 고국을 떠나 유럽 여러 나라와 일본을 거쳐 한국에 임시 거주하는 이방인의 눈에 비친 서울의 자전거 문화는 어떤 모습일까?

이다 킴머 스웨덴 출신으로 대학에서 평화· 분쟁학을 공부한 후 약 10년 동안 활동가이자 기자로 유럽 여러 나라와 레바논, 일본 등지에서 활동했고 4년 전 탈북자 이슈를 다루기 위해 한국에 왔다. 현재 서울에서 작가, 작곡가로 활동 중이며 패션 및 광고 모델로 일하기도 한다. 2011년 한국예술 평론가협의회가 지정한 '올해의 주목할 만한 예술가'로 선정됐다. 2012년 서울세계무용 축제에 참가했고, 한국과 북유럽의 음악 프로듀서들과 협업하고 있다. 최근 프로듀서 최진석과 함께 'The Rule or the Fall'곡 작업을 했다. www.idaandtwolines.com

한국에서 어떤 일을 하나?
작곡가, 작가, 모델로 활동하고 있다.

어떻게 한국으로 와서 머물게 됐나?
기자로 일하러 왔는데 한국이 궁금해서 더 있게 됐다. 뭐랄까, 좀 더 경험해 봐야겠다는 생각이 들었다. 이곳에 온 지는 4년이 됐다. 나는 인류학과 언론학에 초점을 맞춘 평화 및 분쟁 연구로 석사 학위를 받았고, 그래서 처음에 한국에 왔을 땐 북한 문제에 관한 일을 많이 했다. 그러다 국회에 연구원으로 들어갔지만 8개월 후에 그만두었다. 아무래도 난 사무실에서 일할 체질은 아닌 것 같았다. 연구원 일을 그만둔 후 내가 생각하는 모든 것을 닥치는 대로 음악으로 만들어 냈다. 그 전까지 몇 년 동안 쉰 적이 거의 없었는데 뜻밖에 6주간 시간이 생겼고, 그때 모든 것이 터져 나왔던 거다. 그러니까 나는 더 이상 나의 본능을 억누를 순 없다는 생각이 들어, 닥치는 대로 음악을 만들고 소설을 쓰고 사진을 찍기 시작했다. 그리고 그게 진정 내가 가야 할 길이란 걸 깨달았다. 난 언제나 그 세 가지를 마음에 품고 있었다. 음악과 글과 사진은 어릴 때부터 늘 꿈꿔 왔고 해왔던 것이다. 기자도 글을 쓰는 일이고, 지금까지 내가 해온 모든 게 다 그 연장선상에 있다. 평화·분쟁학을 전공할 때도 사람들의 이야기를 쓰는 걸 좋아했는데, 그 역시 표현의 '방식'이 다를 뿐, 근본적으론 지금 하는 일과 일맥상통하는 것이다. 최근 3년 동안 주로 음악을 했지만, 이제부터는 모든 걸 좀 더 균형 있게 병행해 보려 한다.

카메라론 어떤 종류의 이미지를 포착하고자 하나?
내가 찾는 것은 빛이다. 가령 어떤 사람이 아름다워 보인다면, 나는 그 사람의 얼굴에 나타나는 빛을 찍는다. 그리고 어떤 건물이 아름답다고 생각하면, 햇빛이 건물에 부딪히는 방식을 포착한다. 아마 그래서 저녁에 사진을 찍는 걸 좋아하는 듯하다. 저녁엔 빛이, 이를테면 좀 더 집중된 형태로 드러나기 때문이다.

웹사이트에 올려진 뮤직비디오가 인상적이었다.
‹The Rule or the Fall›은 내가 만들고 최진석(aka 진바이진)이 프로듀싱한 곡이다. 케이팝 작업을 많이 해온 분인데, 요즘은 특히 스칸디나비아 프로듀서들과 협업하고 있다. 뮤직비디오는 한국 비디오그래퍼 이지혜, 패션 브랜드 크레스에딤과 예스아임 프렌치, 그리고 메이크업 아티스트 캐롤라이나 리가 함께한 작업이다.

가사는 어떻게 쓰나?
난 항상 글을 쓰기 때문에 가사는 아주 쉽게 나온다. 시도 늘 써왔다. 하지만 싱어송라이터는 아니다. 나는 작곡가다. 누군가를 만나면 난 그 사람의 소리를 '빨아들인' 다음 그걸로 음악을 만들 수 있다. 현대 무용과 연극 작업을 많이 해왔고 무대 위에서 연주를 한 적도 있다. 그러나 요즘은 내 음악을 하고 있고, 함께 일하고 싶은 사람들과 공연을 기획하며, 내가 정말로 좋아하는 프로듀서와 함께 음반 프로듀싱 작업을 하고 있다.

자전거를 처음 타 봤을 때의 기억에 대해 말해 달라.
내가 자전거를 처음 배운 이야기는 조금 특별하다. 나는 커다란 정원이 딸린 시골집에서 자랐다. 스웨덴 아이들은 모두 일찍 자전거를 배운다. 그래서 나도 어서 배우고 싶었는데, 집 앞에는 큰 도로가 있어서 정원의 잔디 위밖에는 연습할 공간이 마땅치 않았다. 물론 잔디 위에선 자전거를 타기가 힘들다.

스웨덴 사람들은 4월 1일, 즉 만우절에 서로에게 장난을 친다. 어원처럼 서로를 속여 바보로 만드는 것이다. 심지어는 신문에도 꾸며낸 이야기가 등장해서, 모두들 어떤 기사가 가짜인지 찾아내곤 한다. 어느 해 만우절에 나는 언니에게 이젠 자전거를 탈 줄 안다고 거짓말을 했다. 언니는 그게 만우절 장난인 걸 바로 알아챘고 "보여 줘. 어디 한번 보여 줘 봐"라고 말했다. 나는 속으로 어떡하지 생각하면서 탈 줄도 모르는 자전거와 함께 정원으로 나갔다. 언니는 내게 어서 타 보라고 종용했고 나는 자전거에 올라탔다. 그리고 달렸다!

그때 처음으로 자전거를?
그렇다. 그때 처음으로 두발자전거를 타는 데 성공했다. 그 전에는 두 개의 보조 바퀴가 달린 네발자전거만 탔었다. 아무튼 그렇게 자전거를 배웠다. 4월 1일, 정원의 비탈진 잔디 위에서 갑자기 자전거를 탈 수 있게 된 것이다.

안 넘어졌나?
한 번도.

→ 한국 자개장을 책상으로 만들었다. 이다 킴머는 이곳에서 책을 읽고 글을 쓴다.

MARC MINKOWSKI &
LES MUSICIENS DU LOUVRE GRENO
마크 민코프스키와 루브르의 음악가들
Name
YAMAHA

n Piano Score
토의
악세계
THE PIANO
NEW EDITION
MICHAEL NYMAN
OLYMPIA
Essential Dictionary of ORCHESTRATION
RANGES • GENERAL CHARACTERISTICS TECHNICAL CONSIDERATIONS • SCORING TIPS
The most practical and comprehensive resource for composers, arrangers & orchestrators
Alfred
AK
profess

스웨덴 고향 마을에서 이다 킴머는
자전거를 타고 숲을 달리곤 했다.

스웨덴의 작은 마을 출신인가?
그렇다. 주민이 100명 정도인 마을에서 자랐다. 그곳 사람들은 어디서나 자전거를 탔다. 혼자 타기엔 너무 어린 아이들은 부모님 뒤에 타고 다녔다. 어린이용 의자가 있는 자전거가 따로 있는데, 나는 엄마나 아빠 뒤에 타고 소풍을 가거나 호수에 물놀이하러 갈 때의 그 느낌을 지금도 생생히 기억한다. 아빠는 나를 뒤에 태우고 10km 떨어진 가장 가까운 도시의 유치원까지 데려다 주시기도 했다. 자전거는 항상 곁에 있었다. 스웨덴 사람에게 자전거는 너무나 자연스러운 것이다. 자전거는 '타러 가는' 게 아니다. 그냥 생활의 일부다.

어릴 때 탄 자전거는 무엇이었나?
언니가 두 명이라 언니들이 타던 걸 탔다. 처음 배울 때 탄 자전거는 빨간색이었다. 어릴 땐 해마다 키가 쑥쑥 자라니 자전거도 해마다 더 큰 걸로 바꾸어 줘야 했다. 어느 해는 빨간색, 다음 해는 초록색, 또 그다음 해엔 흰색 자전거를 탔다.

스웨덴인이 주로 타는 자전거는 어떤 자전거인가?
스웨덴 사람들은 굉장히 다양한 스타일의 자전거를 탄다. 선택은 취향과 사는 곳과 필요에 달려 있다. 성인이 된 후 나는 여러 가지 스타일의 자전거를 탔는데 그중에는 탑튜브(다이아몬드 프레임의 상단 파이프)가 평평한 것도 있고 경사진 것도 있었다.

겨울에도 자전거를 탔나?
내가 자란 마을에선 겨울에는 타지 않았다. 가파른 언덕이 많고 길이 결빙되면 매우 미끄럽기 때문이다. 대신 겨울엔 썰매의 일종인 킥슬레드(kicksled)를 탔는데, 그것도 놀이용이 아니라 먼 거리를 이동할 때 쓰는 교통수단이었다. 제설 작업이 좀 더 잘 되는 도시에서는 계절에 관계없이 자전거를 탄다.

어디든 갈 때 자전거를?
어딜 가든지. 클럽에서 놀다 집으로 갈 때도 자전거를 타고 갔다. 물론 술이 많이 취했을 땐 그럴 수 없지만.

스웨덴에선 클럽 갈 때도 자전거를 타고 가나?
그렇다. 다들 그런다. 음, 스톡홀름은 아닐 수도 있다. 스톡홀름은 좀 다른 도시고, 분위기가 여타 도시와 다르다. 거기 사람들은 택시나 버스를 탄다. 하지만 내가 학교를 다닌 스웨덴 남부의 말뫼는 그렇지 않다. 말뫼는 언덕이 없는 도시고, 버스가 일찍 끊기고, 사람들이 택시 탈 돈이 없다. 그래서 어디를 가든 자전거를 타고 다녔고, 자전거가 없는 사람은 뒤에 태우고 다녔다. 대학 다닐 때 매일 아침 자전거를 타고 등교하면서 음악을 듣고 노래를 불렀다. 모두들 그랬다. 내 친구들도 하나같이 다 그랬다. 우리는 기분 좋게 걷는 대신 즐겁게 자전거를 탔다. 앞서거니 뒤서거니 자전거를 타고 달리며 장난을 치기도 했다.

자전거는 꽤 좋은 명상 수단이기도 하다.
맞다. 게다가 스웨덴에선 숲에서도 자전거를 많이 탄다. 내가 살던 곳에서는 자전거를 타고 좁다란 산길을 따라 산을 오르기도 하고, 내리막을 달리기도 했다. 스키장은 여름이면 자전거용 비탈로 변했다.

여행 갈 때 자전거를 가지고 가본 적이 있나?
난 사실 카라반(여행 시 거주하는 이동식 임시 주택)에서 자랐다. 우리 가족은 주말과 방학이면 거기서 지냈다. 매년 여름 5주 정도 카라반을 타고 유럽 여행을 다닐 때 언제나 자전거를 싣고 다녔다. 물론 그때도 자전거 라이딩을 즐기기 위한 목적으로 가지고 갔던 게 아니다. 우린 자전거 여행을 떠난 게 아니라, 여행에 자전거가 필요했다. 그렇게 여행을 다니면서 네덜란드와 프랑스와 독일에서 자전거를 탔다.

사진: 이다 킴머

서울에서도 자전거를 즐겨 타나?
서울에서 자전거를 타는 건 내게 여전히 좀 복잡한 문제다. 이곳 사람들은 스웨덴인들처럼 자연스럽게 자전거를 이용하지 않는다. 자전거 복장을 갖춰 입고 단체로 라이딩을 하는데 적응이 좀 안 된다. 그래서 유럽이나 일본에서 자전거를 탈 때와 같은 기분을 느끼기가 어렵다. 일본의 자전거 문화는 스웨덴과 매우 유사하다. 말하자면 자전거를 목적이 아니라 '수단'으로 사용하는 거다. 하지만 여기는 자전거를 타는 게 목적인 분위기라서, 그와 같은 기분을 느낄 수 없다. 완전히 다른 도시고 자전거 문화도 딴판이다.

현재 타는 자전거는 어떤 종류인가?
사실 이름도 잘 모른다. 2년 전에 사는 게 너무 우울해서 그냥 아무거나 저렴한 걸로 샀다. 짙은 파란색에 빨간색과 흰색이 섞여 있다.

지금 살고 있는 집은 마음에 드는지.
오기 전에 크레이그 리스트(온라인 생활정보 사이트)에서 창문 사진과 함께 방을 내놓은 글을 봤다. 보는 순간 이 집이다 싶었다. 다른 곳도 많이 찾아봤지만 결국 여기로 왔다. 여기서 살게 될 줄 알았고, 역시 마음에 든다. 일종의 숨겨진 비밀 장소 같은, 정말로 나만의 공간 같은 느낌이 있다. 이 집에서 들리는 건 오직 새소리뿐이다. 사람들은 이곳을 '이다의 새 둥지' 또는 '이다의 전용 공항'이라 부른다.

당신이 가장 좋아하는 라이딩 코스는 어디인가?
밤에 자전거를 타기엔 광화문 쪽이 좋다. 드넓은 대로를 따라가면서, 그리고 다른 도로로 이어지는 다리들을 건너면서 아주 빠른 속도로 달릴 수 있다. 또 노들섬도 상당히 흥미로운 장소라 생각한다. 그곳에 가면 종종 무당이 북을 치고 초를 밝히고 향을 피우며 굿을 하는 광경을 볼 수 있는데, 굉장히 아름답다는 느낌이 든다. 자전거를 타고 가기에도 편하다. 단, 밤에 가야 한다.

이다 킴머의 옥탑방 옥상. 친구들은 이곳을 '이다의 전용 공항'이라고 부른다.

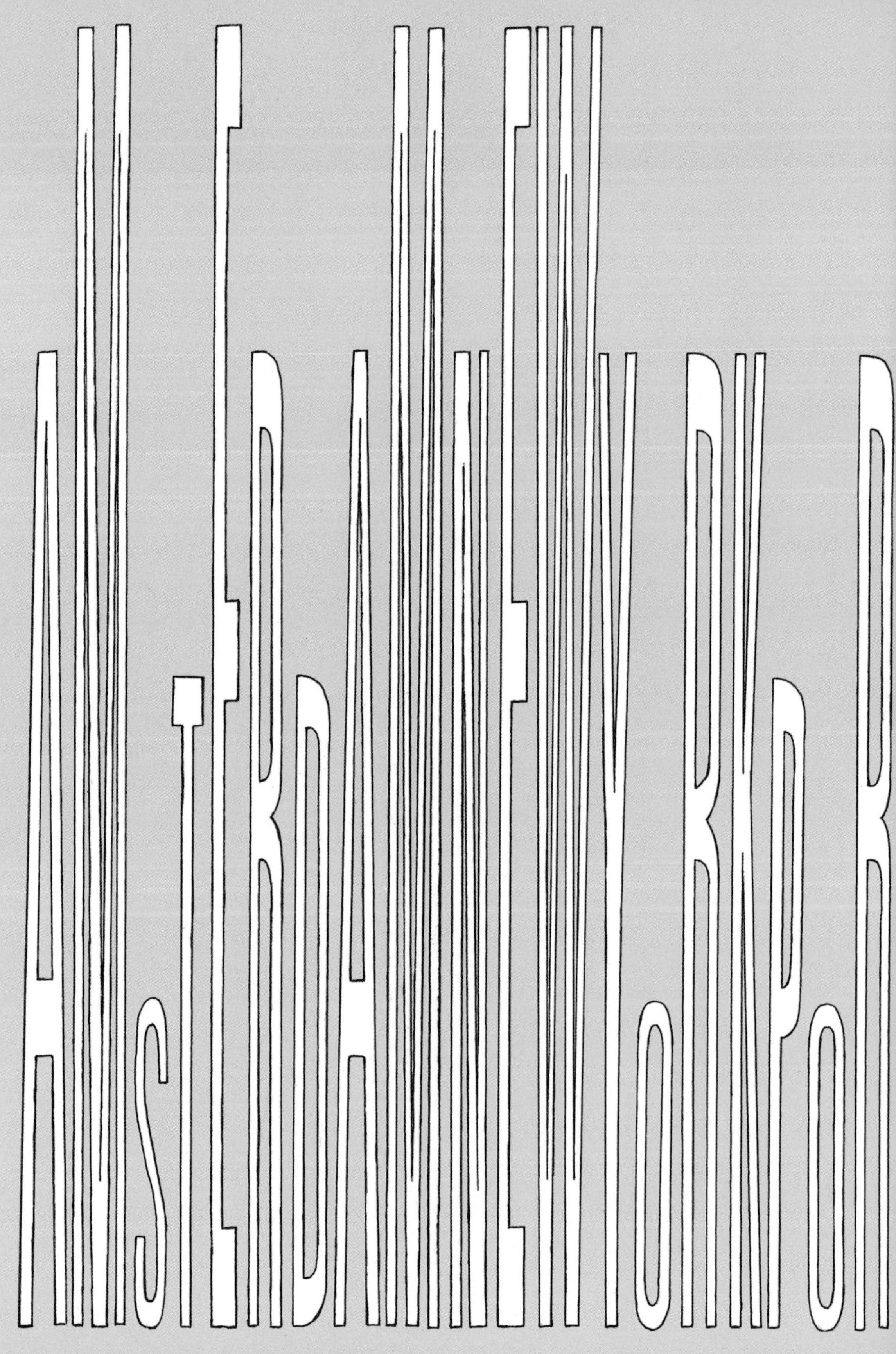

BICYCLE & THE CITY

도시와 자전거

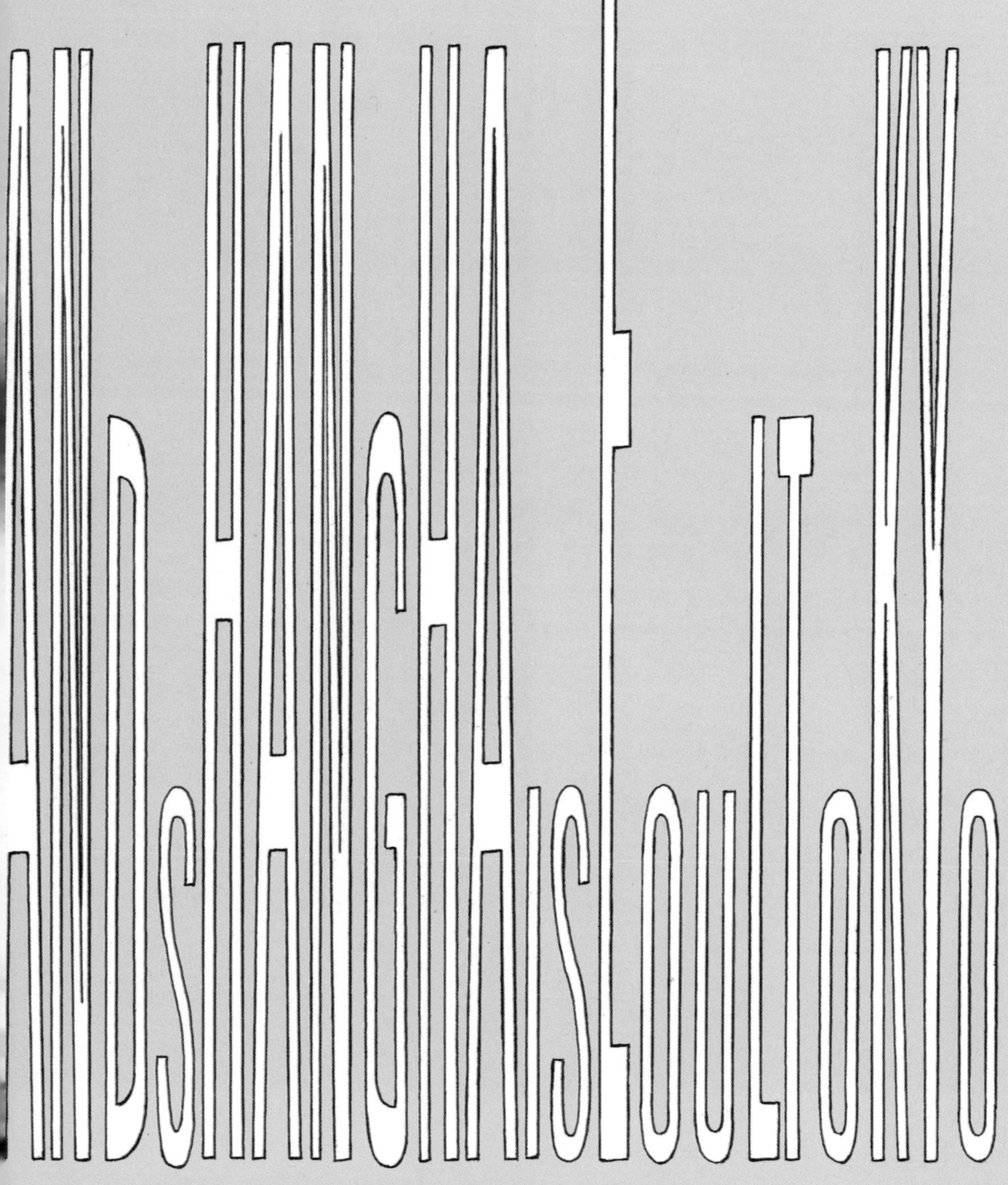

**암스테르담, 뉴욕, 포틀랜드, 상하이, 서울,
도쿄 등 도시의 자전거 모습을 담는다. 그 도시에
거주하는 사진가, 디자이너, 작가, 자전거
용품 제조인이 바라본 도시와 자전거 문화 이야기.**

BICYCLE PRINT

THOMSON REUTERS
SEE THE SHOW
Hard Rock
at&t
europa cafe

바이시클 프린트

BICYCLE PRINT

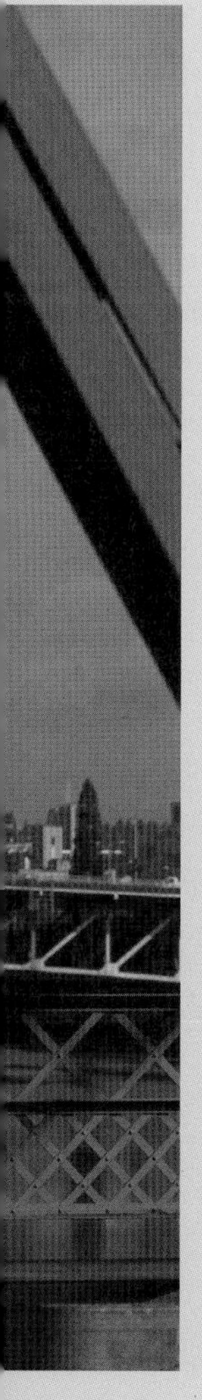

中国体育彩票

자전거 보급률 세계 1위 네덜란드의 수도 암스테르담. 죽죽 뻗은 도심 자전거 도로에는 암스테르담 시민이 타고 다니는 수많은 자전거가 넘실거린다. 이곳에서 활동하는 그래픽 디자이너 강문식이 자신이 직접 그린 지도에 일상의 자전거 풍경을 집어넣어 암스테르담 자전거 지형을 묘사한다.

AMSTERDAM

암스테르담

AMSTERDAM
rederij plas
HILDA IV

사진: 양은모, 강문식(134~151P)

인터뷰: 강문식

자기 소개를 부탁한다.
네덜란드 암스테르담을 근거지로 활동하는 프리랜서 그래픽 디자이너다.

당신이 타고 있는 자전거는?
며칠 전만 해도 네덜란드의 흐로닝언 지방에서 보급형으로 제작된 경주용 자전거 프레임을 장착한 자전거를 탔지만, 이젠 일명 '더치 자전거'(Dutch Bicycle)라 불리는 네덜란드 국민 자전거를 타고 있다. 도둑맞았기 때문이다. 암스테르담에는 자전거가 많은 만큼 도둑도 많다. 최근엔 네덜란드에서 제작된 클래식 경주용 프레임에 관심이 많다.

한국에서도 자전거를 탔는가?
2000년 즈음 탔던 삼천리자전거의 울트라마린색 '고스트'라는 21단 기어 모델이 생각난다. 신문 구독을 하고 받았던 것으로 기억한다. 한국에서는 대중교통을 이용했기 때문에 자전거 탈 일이 별로 없었다. 암스테르담에서 자전거를 타는 이유는 오로지 이동하기 위해서다.

암스테르담에 거주하는 이유는?
유학을 계기로 이 도시에 정착했고 3년째 거주 중이다. 이곳 풍경이나 생활감각에 꽤나 익숙해졌다. 암스테르담에서 일을 시작한 특별한 대의는 없다. 단지 졸업 후, 공부했던 곳에서 실제로 일을 경험하고 싶었다. 현재 소소한 일을 하며 근근이 생계를 유지하고 있다. 같이 공부한 동기 졸업생들의 처지와 비슷하다. 친구들 대부분은 자신이 무엇을 해야 하는지 고민하고 걱정한다. 값싼 음식을 먹으며 자신의 처지를 장난스럽게 비관하기도 하고, 진로 모색에 힘쓰고 있다. 몇 친구는 다른 학교에 진학하기도 했고, 본래의 적성을 찾아 자국에서 운동 선생을 하는 친구, 응용미술에 염증을 느끼고 이론을 공부하는 친구, 본격적으로 예술을 공부하는 친구, 경험을 쌓기 위해 기존의 스튜디오에서 저임금의 급사를 하는 친구, 고국으로 돌아가 작업실을 연 친구도 있다.

암스테르담에서 당신이 좋아하는 자전거 도로는?
가장 기분 좋게 달리는 길은 자전거 타고 집으로 가는 길이다. 이를 제외하곤 기분에 따라 다르다. 때로는 복잡한 도심에서 여러 사람과 얽히고 싶을 때도 있고 인적이 드문 한적한 운하 옆 길을 달리고 싶을 때도 있다. 식사 후 맥주를 마시고 싶기도 하고, 차를 마시고 싶기도 한 때가 다른 것처럼.

암스테르담의 자전거 인프라는 어떤가?
산악 자전거를 도시에서 적극 활용할 마음이 없다면 최고의 도시일 것이다. 온 도시에 인도보다 넓은 자전거 도로가 설치되어 있고(설치라는 말보다 당연히 '존재'한다는 말이 더 어울린다), 도심에서는 자전거가 단연 지위가 높아 보인다. 사람이 자동차에 치일 확률보다 실수로 자전거 도로에 침범했다가 호되게 당할 확률이 상당히 높기 때문이다. 산이 없고 평지가 많은 이 나라의 자연환경은 질주를 향한 목마름을 해소하기 최고의 조건이다. 자전거 거치대는 도심 곳곳에 많이 있지만 그 많은 자전거를 소화하기엔 버거워 보인다.

당신이 좋아하는 자전거숍이 있나?
넉넉지 못한 사정상, 그리고 내 취향에 따라 새 물건은 잘 사지 않는 터라 자전거숍을 수시로 드나들진 않지만 프리스틴(Pristine)이라는 픽시 자전거숍에 좋은 물건이 많더라. 종아리에 문신을 하고 몸에 달라붙는 옷을 입은 젊은이들이 모이는 곳이다. 자전거 부품이 필요하거나 개량이 필요할 때에는 자전거 조립에 취미가 있는 아는 분의 창고에 가서 시간을 보내곤 한다. 그 창고에는 정말 없는 것 빼곤 다 있다.

네덜란드는 '자전거의 나라'로 불린다.
그야말로 그리 크지 않고 평평한 곳에서의 훌륭한 이동수단이기에 자전거가 많은 것은 너무나 자연스러운 일이다. 그러므로 자동차 소유 욕심 없이도 자전거 한 대면 행복할 수 있는 곳이다. 어떤 기종의 자전거인지는 서로 별로 관심이 없는 것 같다. 다만 자전거 보급률이 높기에 공급이 항상 충분히 유지되어야 하는데, 싼값에 안정적인 유통과 공급을 위해 지금 이 순간에도 '자전거 도둑'이 애쓰고 있다. 일종의 자전거 보존의 법칙이라고 생각한다. 전문적으로 훔친 자전거를 파는 이들을 이곳에선 '정키'(junky)라고 한다. 잠깐만 수소문하면 집을 아예 자전거숍으로 만든 '놈'들도 있고, 길거리에서 아주 푼돈으로 자전거를 사겠냐고 흥정하는 사람도 있다. 사는 사람도 별 죄의식 없이 구매하는 것 같다.

한 가지 놀랐던 것은 네덜란드에서 보조바퀴를 단 자전거를 보기 쉽지 않다는 것이다. 한국에서는 초등학교 저학년까지는, 애들 자전거에 보조바퀴를 달아 주지만 이곳에서는 어린아이에게 처음 사 주는 자전거에 보조바퀴가 없다. 페달 없이 두 발로 구르는 이륜식 이동용 자전거인데, 아주 안정감 있게 타는 어린아이들을 보면, 유치원 때까지 보조바퀴를 달고 레이서인 양 맹렬히 질주하던 어린 시절이 부끄러워진다. 생활로서의 자전거는 다양한 타입의 자전거를 보면 확인할 수 있다. 일반적으로 가장 보편적인 '더치 자전거'가 그렇고, 자전거 도로가 평지여서 산악용 자전거보다는 경주용 자전거가 많다. 아이가 많은 집은 자전거 앞과 뒤에 보조 좌석을 설치하는 것은 기본이고 애완동물을 태우기도 하고 심지어 자전거로 이사하는 경우도 봤다. 누가 여자는 약하지만, 어머니는 강하다고 했던가. 어느 날 평범한 자전거에 아이 세 명을 데리고 유유히 운전하는 여성을 보고 경이로움을 감출 수 없었다.

괴로운 일은 비를 맞으며 타는 것이다. 하루에 사계절을 경험할 수 있는 암스테르담에서 비 맞는 것은 너무도 일상적이지만 세찬 비가 내릴 때는 마치 이성에게 뺨 맞는 듯한 기분이 든다. 그렇게 온 몸이 젖으면 비련의 주인공처럼 처량이다.

네덜란드 자전거 문화의 특별한 점은 무엇일까?
대부분의 사람들이 한 대 이상의 자전거를 가지고 있다. 생활과 대단히 밀접한 데다가 저렴한 중고 자전거가 대량 유통되기 때문인 것 같다. 넘치는 자전거에 비해 온 도시에 거치대를 설치할 수는 없기에 여기저기 자전거들이 묶여 있는데, 시에서는 방치된 자전거에 주기적으로 유색의 스티커를 붙여 경고하고, 일정 기간이 지난 후에도 그대로 있으면 주인 없는 자전거로 간주하고 모두 끊어서 수거한다. 그런 식으로 쓰지 않던 세 대의 자전거를 잃었다. 사실 네덜란드에서 자전거를 특별히 논한다는 것은 신도림역 환승을 얘기하는 것만큼 지루한 일이다. 너무나 일상적이기 때문에 그렇다.

암스테르담에서 계속 머물 예정인지.
특별히 이 도시에 계속 머물러야 할 이유는 없다. 또 외국인으로서 이곳에 체류하는 것이 너무 많은 에너지를 소모하는 일이어서 진로를 고민하고 있다. 국가가 제한하는 모든 시스템을 거부하기엔 용기가 부족해 아직까지는 국가의 요청에 고분고분 응하면서 이방인의 불안정함을 즐기는 중이다.

강문식 1986년생. 그래픽 디자이너. 계원예술대학교를 졸업하고 네덜란드 암스테르담에 소재한 헤릿리트 벨트아카데미를 졸업했다. 암스테르담 거주 3년차다. 최근 체코의 2012 브르노 비엔날레에 참여했으며 한국, 네덜란드, 독일 등을 오가며 다양한 작업을 하고 있다.
www.moonsickgang.com

암스테르담 헤렌흐락트에 위치한 독일문화원.
암스테르담에 근거지를 두고 활동하는
그래픽 디자이너 강문식은 2013년 4월,
이곳에서 '암스테르담 독일문화원의
평양 열람실 재개원'이란 전시에 참여했다.

A–5

AMSTERDAM

kade

De Ruyterkade

De Ruyterka

Amsterdam Centraal

ade

Nieuwe Prins He-ndrikkade

Nie

uds

Da

De Ruyt-erkade De Ruyterk

kade De Ruyterkade De

A–4

KLIK

ezijds Voorburgwal Nieuwe

Damrak Damrak

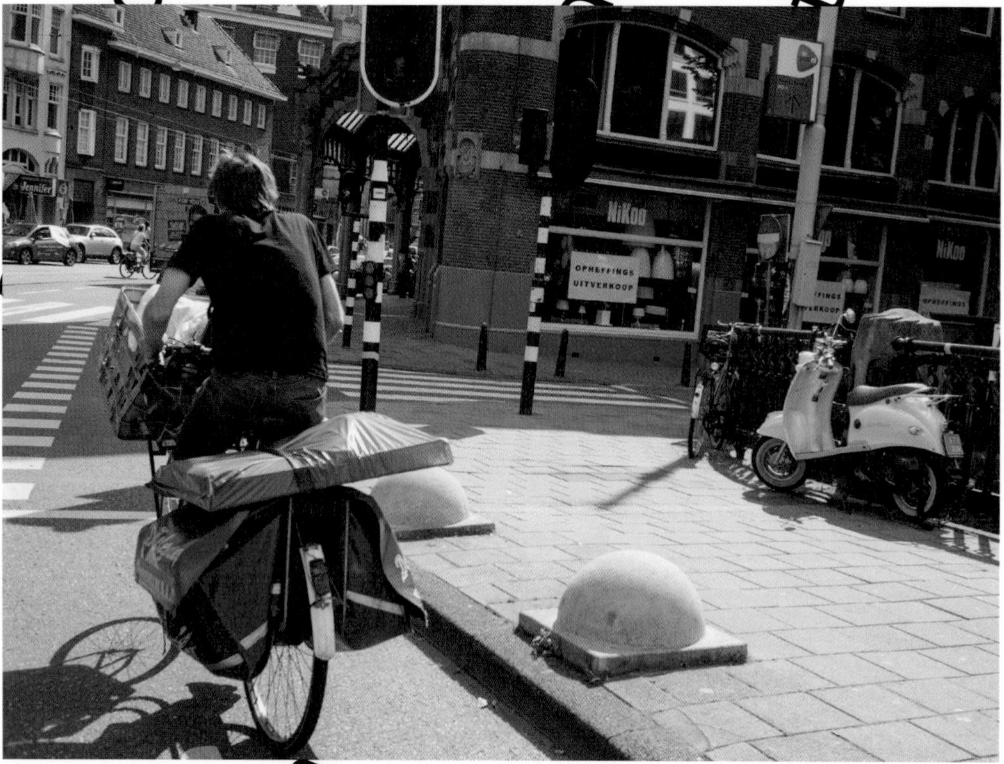
OPHEFFINGS
UITVERKOOP

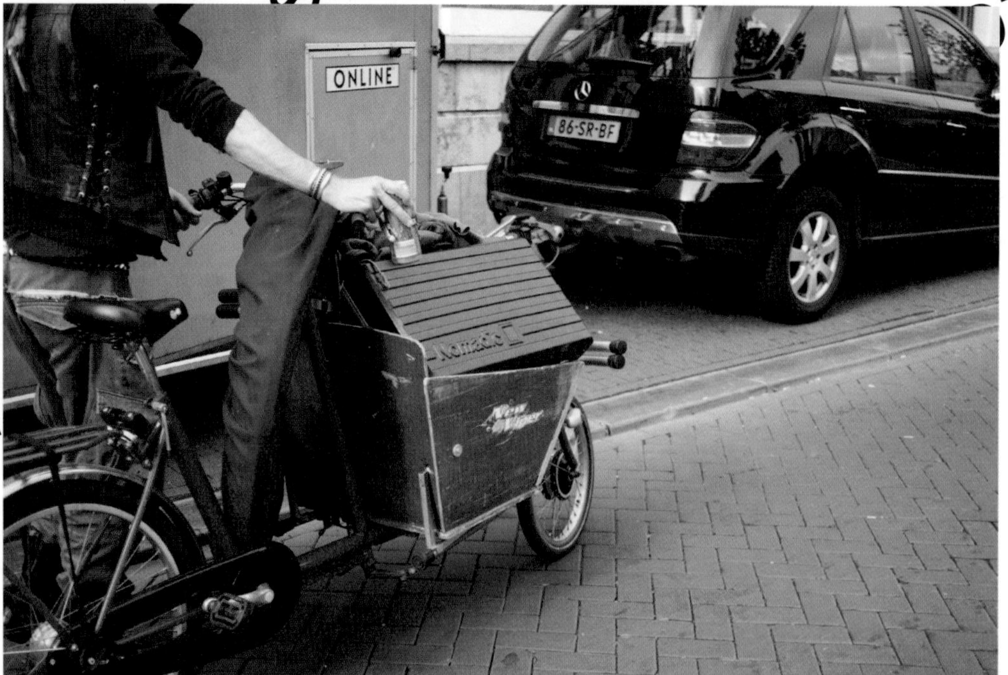
ONLINE
86-SR-BF

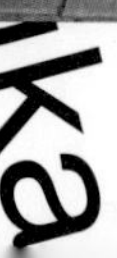

str

ach

AMSTERDAM

SS

Stadhouderskade

Hobbemak

Stadh

C–3

Vijzelgracht Vijzelgracht

Weteringschans

derskade

Vondelpark D-1

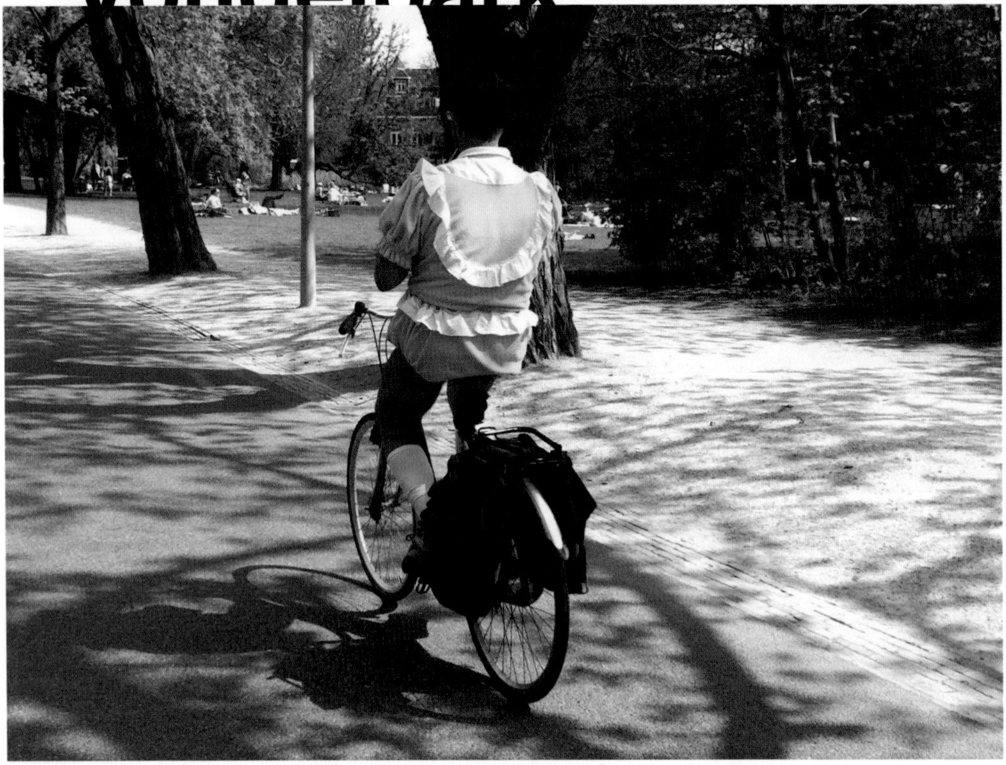

BICYCLE PRINT

airessest

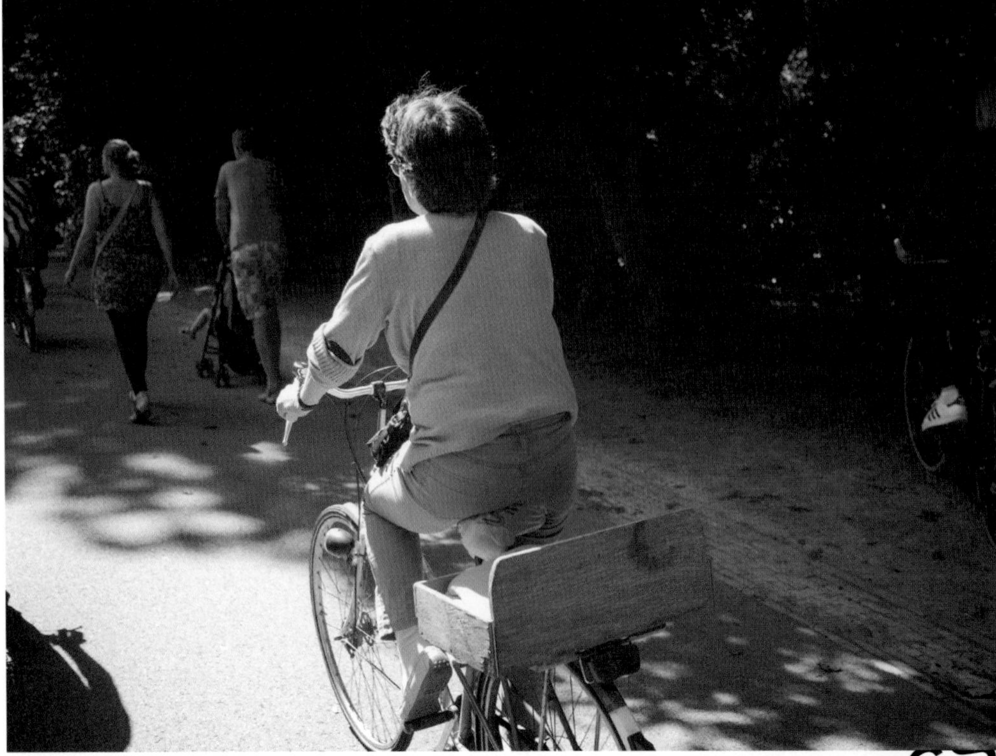

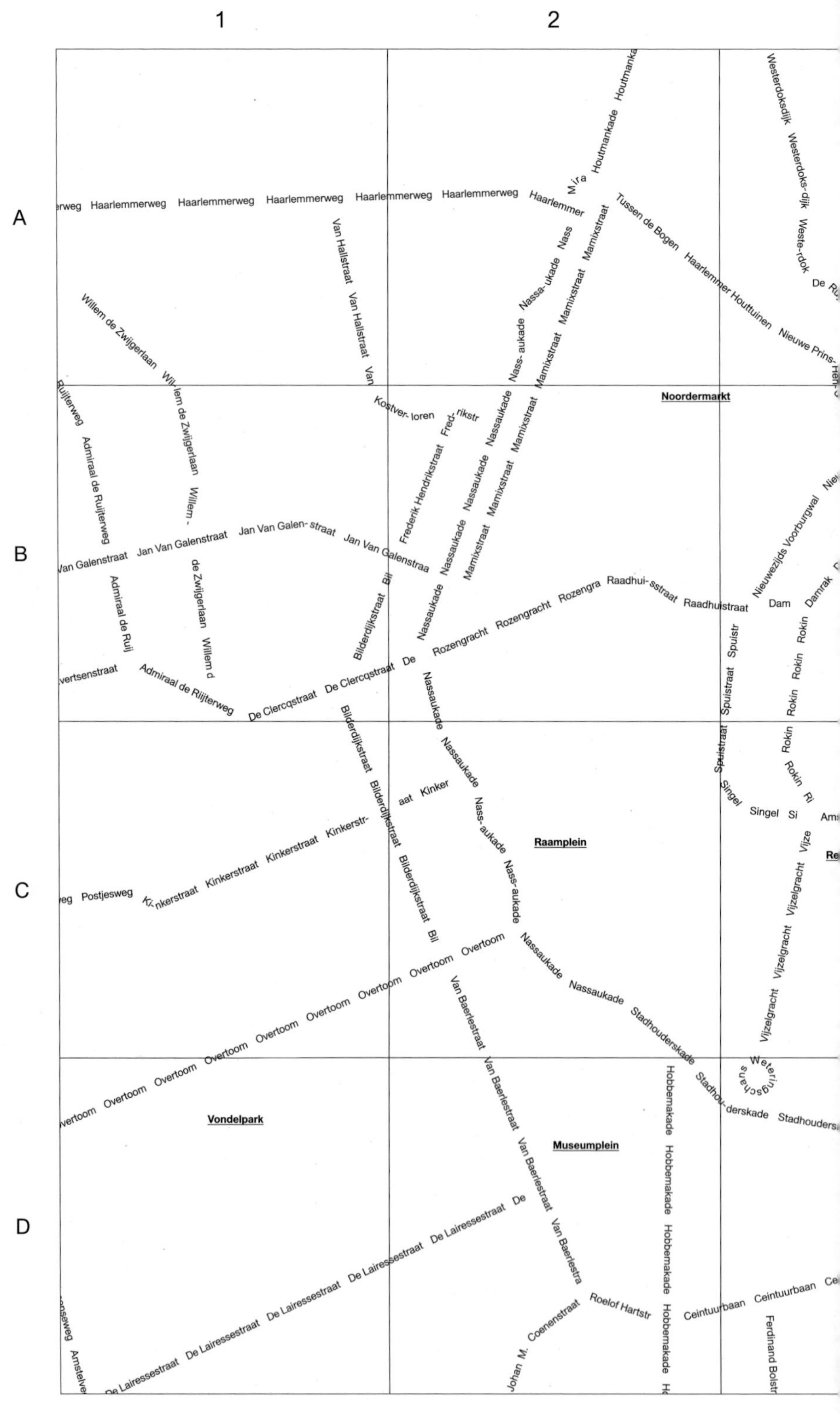

AMSTERDAM 1:20000

4
5
Hagedoorn-weg
Ha-
vikslaan
Ha
IJtunnel
Johan van Hasseltweg
Meeu-wenlaan
De Ruyterkade
De Ruyt-erkade
Piet Heinkade
Pie
Panamalan
Panamala
Cruquiusweg
Nieuwe Prins Hendrikkade
Nieuwe Prins-Hendrikkade
Nieuwe Pri
uwmarkt
Kattenburgerstraat
Kattenbu
Wittenburgergracht
Oosterburgergracht
Oo
Ze-eburgerd
Zeeburgerdijk
Foeliestraat
Foeliestraa
Anne Frnks-traat
A
erlooplein
Amstel
Am-stel
Weesperstraat
We-esperstraat
Wees
Plantage Middenlaan
Alexand
Mauritskade
Mauritsk
Maurit-skade
Ma-urits-kade
Mauri-tskade
Linnaeusstraat
Linnaeus
Insulindeweg
Ins-ulindeweg
Insulinde
kplein
Oosterpark
Ooosterpark
Beukenweg
Maritzstraat
Ma
Kru-erple
Schalk Burgerstraat
Schalk Bu
Stadhouderskade
Stadhoudesk
Amsteldijk
Ceintuurbaan
Middenweg
Middenw
Galileiplantsoen
Park Frankendael

1
5
3

금융과 예술의 도시, 뉴욕은 자전거 배달원(메신저)의 도시이기도 하다. 커다란 가방과 도난 방지용 체인을 몸에 두른 채 숨막히는 교통 체증을 뚫고 질주하는 메신저의 세계는 매혹과 전율의 감정을 불러일으킨다. 자전거 메신저 사회를 연구한 제프리 키더 교수는 이를 '공간의 감정적 전유'라는 용어로 설명한다. 뉴욕이라는 도시 공간과 뉴욕 메신저의 세계를 알기 위해 제프리 키더에게 인터뷰를 청했다.

NEW YORK

155

BICYCLE PRINT

사진: 에스더 안

인터뷰: 제프리 키더

하는 일과 본인 소개를 부탁한다.

노던일리노이대학교 사회학과 조교수로 재직 중이다. 주 관심사는 문화 및 도시사회학이며, 하위문화와 자전거 메신저에 관한 연구로 박사 학위를 받았다. 그 연구에서 나는 '임노동의 비소외적 측면'과 '인간이 도시환경을 창의적으로 이용하는 다양한 방법'이라는 서로 연관성이 없어 보이는 두 가지에 주목했다.

‹어번 플로: 자전거 메신저와 도시›란 책을 저술한 계기는 무엇인가?

자전거 메신저에 처음으로 관심을 가진 건 대학 졸업 후 보스턴에 갔을 때다. 거기서 도심의 사무실에 근무하는 동안 자전거를 타고 시내를 분주히 돌아다니는 메신저들을 보았다. 차들 사이를 요리조리 헤집고 제 갈 길을 가는 모습이 내 눈엔 (매우 위험하면서도) 매우 신기해 보였다. 또한 그들은 직업에 대한 자부심이 대단한 듯했는데, 임금이 낮은 하급 직종인 걸 감안하면 다소 놀라울 정도였다. 그러다 조지아대학교 대학원에 들어가고 나서 도시 생활을 둘러싼 문제들에 본격적으로 관심을 기울이게 됐다. 특히 선진 자본주의 사회에서 살아가는 사람들이 권태와 고립감을 극복하는 다양한 방법에 대해 연구하고 싶었다. 나는 보스턴에서 살던 시절을 떠올리며 자전거 메신저를 생각했고, 그것이 면밀한 사회학적 연구를 위한 훌륭한 바탕이 될 수 있겠다고 판단했다. 그래서 뉴욕으로 가 자전거 메신저 일을 시작했다. 연구 주제를 충분히 이해하기 위해서는 그 주제에 몸을 던지는 것이 중요하다고 역설해온 사회학자들의 오랜 전통을 따르기로 한 것이다. 그곳에서 현장 경험을 통해 보고 들은 바를 상세히 기록하고 인터뷰도 진행하기 시작했다. 뉴욕에 일 년간 머물며 일과 연구를 계속했고, 결국에는 더 많은 조사를 위해 미국의 여러 도시를 다니면서 다른 자전거 배달원들을 만나 메신저란 직업과 그들의 생활 방식에 대해 이야기를 나누었다.

책의 논점은 무엇인가?

‹어번 플로›는 내가 '공간의 감정적 전유'라고 명명 하는 것에 대해 다룬다. 이 용어가 의미하는 바는 다른 저임금 하급직 종사자와 달리 자전거 메신저는 일을 하는 동안 창의성과 자발성을 발휘할 수 있다는 것이다. 교통이 혼잡한 도심에서 자전거를 타고 (특히 빠른 속도로) 달리려면 사실 그럴 수밖에 없다. 따라서 메신저들은 맡은 업무를 통해 개개인의 행위자 의식을 드러낼 수가 있는데, 이는 곧 자전거 배달 일이 그들에게 의미를 갖는 가장 본질적인 이유에 해당한다. 게다가 자전거 메신저들은 도심의 차로를 쏜살같이 누비며 하루 일과의 대부분을 보내기 때문에 사람과 건물을 포함한 도시환경 자체가 그들의 일과를 구성하는 불가결한 부분이 된다. 자전거 메신저에게 그들의 일은 단지 노동의 차원에서 그치는 게 아니라, 물리적 공간을 통한 이동의 가능성을 창의적으로 재정의하는 방식과도 관련이 있다. 자전거를 타는 사람은 누구나 알겠지만 그것은 아주 신나는 (그리고 때로는 오싹한) 경험이 될 수 있다.

자전거 메신저의 도시인 뉴욕에 대해 설명해 달라.

내가 현장 연구를 수행한 주요 도시는 뉴욕, 시애틀, 샌디에이고 세 곳이다. 연구를 진행하던 시기(2003~2008년) 뉴욕에는 약 2천 명의 메신저가 있었던 걸로 추정된다(자전거 메신저에 대한 공식적인 통계는 존재하지 않으며 상당수는 현금을 받고 일하기 때문에 거래 기록이 남지 않는다). 그리고 시애틀은 60명이 조금 넘었고, 샌디에이고는 20명이 채 안 됐다. 뉴욕은 브롱크스, 브루클린, 맨해튼, 스태튼아일랜드, 퀸스의 다섯 구로 이루어진 거대 도시다. 그런데 메신저의 일은 대부분 맨해튼에 국한된다. 자전거 배달 업체들은 원칙적으로 맨해튼 전역(과 퀸스 및 브루클린의 가까운 지역)에 서비스를 제공하지만, 대부분의 업무는 할렘의 남쪽 경계인 110번가 이남에서 이루어진다. 타임스스퀘어, 엠파이어스테이트빌딩, 록펠러센터 등이 있는 미드타운과 금융 지구가 자리한 로어맨해튼이 자전거 메신저의 주 활동 범위다. 즉, 배달 물품의 출발지와 도착지는 그쪽에 집중돼 있다. 맨해튼은 도시계획에 따라 격자형 도로망을 이루고 있으며, 그중에서도 미드타운의 도로는 가장 네모반듯하게 정비돼 있다. 하지만 그와 같이 기하학적 형태로 설계된 지역조차도 애버뉴마다 번지수가 통일돼 있지 않다. 예를 들어 5번가의 300번지는 6번가의 800번지와 일직선상에 있다. 이는 자전거 메신저에게 커다란 혼란을 초래하는데, 주소만 보고 직관적으로 위치를 파악할 도리가 없기 때문이다. 다행히도 애버뉴와 교차하는 스트리트의 번지수는 그나마 체계가 있는 편이다.

뉴욕의 전반적인 윤곽과 지형은 자동차가 일상에서 이용 가능한 교통수단이 되기 한참 전에 확정됐다. 한편, 맨해튼은 나날이 복잡해지고 있다. 이 두 가지 요인이 결합한 결과, 뉴욕은 자전거를 타기에 굉장히 독특한 도시가 됐다. 그곳에선 자동차와 트럭, 스쿠터와 보행자가 교통신호에 맞추어 밀려들었다 빠지기를 반복하면서 끊임없는 흐름을 만들어낸다.

뉴욕은 자전거 메신저에게 여러모로 가장 극단적인 도시라고 볼 수밖에 없다. 겨울에 눈이 많이 오고 여름엔 불볕더위가 기승을 부린다. 무엇보다 큰 난관은 앞서 말한 교통 문제로, 뉴욕의 메신저들은 실로 엄청난 교통지옥 속을 뚫고 다녀야 한다. 또한 그들은 어느 도시보다 더 극심한 사회적 낙인에 직면하기도 한다. 반면에 하위문화 자본의 관점에서 보면, 메신저의 생활 방식을 추종하는 이들 사이에서 뉴욕 자전거 배달원은 역으로 최고의 위치를 차지한다.

뉴욕 자전거 메신저의 노동조건은 어떤가?

기본적으로 자전거 메신저는 완료한 배달 건당 수수료를 일급으로 받는다. 그리고 배달료는 이동 거리가 길수록, 급한 건일수록 올라간다. 내가 뉴욕에서 일할 땐 하루 백 달러면 수입이 괜찮은 편이었다. 하지만 많은 메신저들이 그보다 훨씬 더 적게 벌었고 극히 일부는 훨씬 더 많이 벌었다. 아울러, 교통 정체로 꽉 막힌 도심 속을 자전거를 타고 질주하는 건 위험천만한 일임에도 미국의 메신저 중 건강보험 혜택을 받는 사람은 극소수에 불과하다. 그리고 대다수가 독립 계약자(independent contractor)로 간주되는 관계로 사고가 나서 다치면 치료비를 본인이 부담해야 할 뿐만 아니라 그동안 일을 쉬어야 하기 때문에 상당히 열악한 노동조건이라고 볼 수 있다.

고정기어 자전거, 즉 픽시는 뉴욕의 자전거 메신저가 타는 자전거로 널리 알려졌다. 고정기어 자전거는 배달 일을 하기에 적합한가?

내가 현장 연구를 수행한 시점은 고정기어 자전거가 힙스터들 사이에서 이제 막 유행하기 시작하려던 때였다. 처음 이 연구에 착수했을 무렵만 해도 대부분의 메신저는 차로에서 픽시를 타는 것이 오직 자신만의 전유물로 믿고 있었다. 물론 더 이상 그렇지 않다.

사진: 제프리 키더 제공(158~160P, 171~173P)

어쨌거나 자전거 메신저, 특히 뉴욕의 메신저들은 오래 전부터 고정기어 자전거를 타왔다. 그들이 고정기어를 택한 데는 여러 이유가 있지만(예를 들어 고장이 잘 나지 않고 도둑맞을 염려가 적다는 점 등), 고정기어가 신비로운 자전거로 인식된다는 사실과 브레이크 없는 자전거를 타는 것이 남자다움을 과시하는 수단이 된다는 점 또한 확실히 한몫했다.

요즘도 자전거를 타는가?
그렇다. 여전히 꽤 많이 탄다. 그렇지만 메신저로 일할 때처럼 자전거를 타고 교통이 혼잡한 차로를 질주하는 일은 없다.

당신에게 자전거는 어떤 의미인가?
무엇보다 자전거는 자유로운 교통수단의 한 형태다. 자전거 메신저를 생업으로 삼고 싶고 또 그럴 수 있는 입장에 있는 사람은 많지 않겠지만, 일상생활에 창의성과 자발성을 불어넣는 작은 방법을 찾아보는 건 누구나 할 수 있다. 그리고 그 노력은 필시 만족감을 선사할 것이다. 자전거를 타는 것은 바로 그러한 방법 가운데 하나다. 자전거로 출퇴근을 하든, 즐거운 마음으로 장을 보러 가든, 아니면 장거리 산악 라이딩에 참가하든 모두 마찬가지다. 자전거는 자동으로 움직이는 대부분의 교통수단에서는 결코 느낄 수 없는 자율성의 감각을 제공한다.

제프리 키더(Jeffrey L. Kidder)
노던일리노이대학교 사회학과의 조교수이며 문화사회학과 도시사회학이 교차하는 지점을 탐구하고 있다. 특히 개인이 도시와 문화에 대해 어떻게 관계를 맺는지, 개인이 일상의 의미를 발견하고 유지하는 방식에 대한 연구에 집중한다. 그중 하나로서 3년 동안 자전거 배달원 일을 체험하고 현장조사를 통해 자전거 배달원의 사회 조직과 생활양식을 탐구한 끝에 ‹어번 플로: 자전거 메신저와 도시›라는 책을 썼다.
www.niu.edu/~jkidder

뉴욕

토니 먼로
33세, 메신저 경력 14년

사진: 에스더 안(161~170P)

바이시클 프린트

개리 베스트
52세, 메신저 경력 14년

뉴욕

아론 립케
39세, 메신저 경력 17년

앤서니 오테이
50세, 메신저 경력 12년

뉴욕

아만다 머셜
46세, 메신저 경력 15년

라울 매닝
49세, 메신저 경력 9년

뉴욕

미리엄 페레즈
38세, 메신저 경력 17년

바이시클 프린트

짐 프로콥
63세, 메신저 경력 38년

뉴욕

데이비드 딕슨
43세, 메신저 경력 10년

FLASHDANCERS
GENTLEMEN'S CLUB
52ND & BROADWAY
1C61
NYC
T
METERED FARE
FLAT FARE JFK
1C61

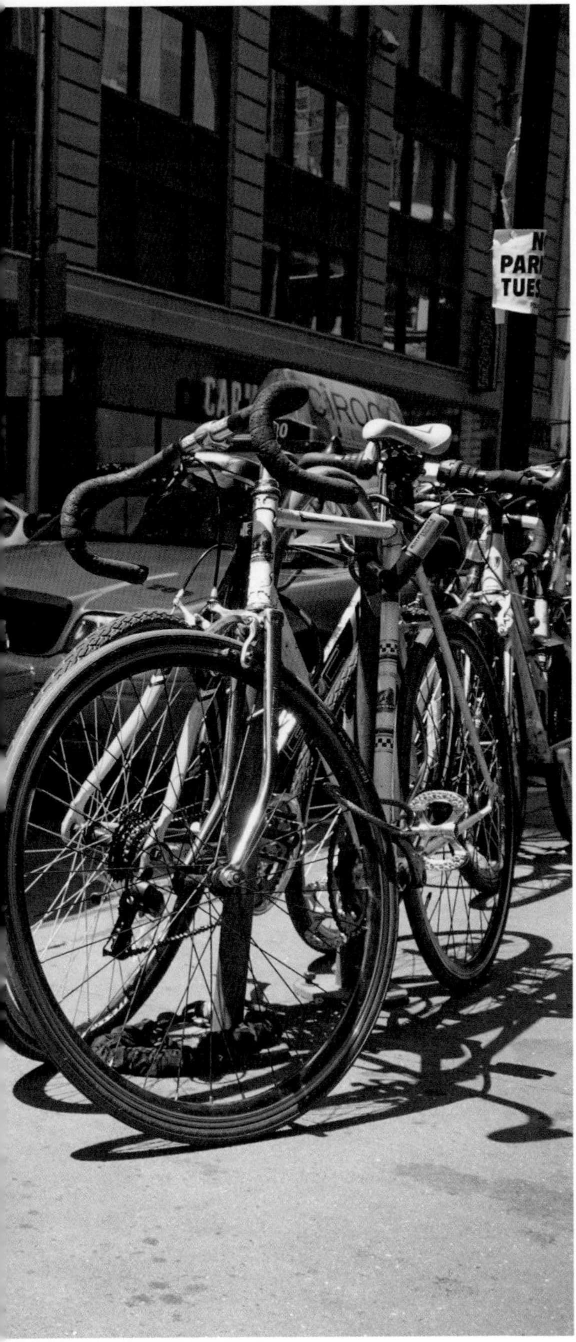
PARK
TUES

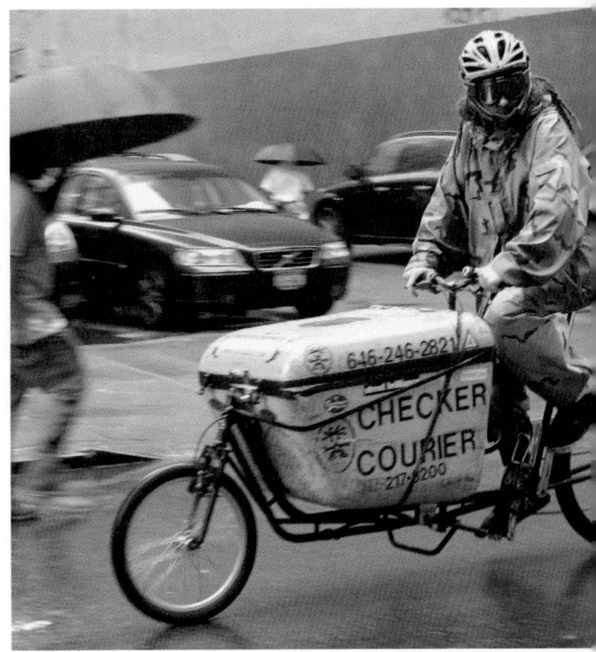

646-246-2821
CHECKER
COURIER

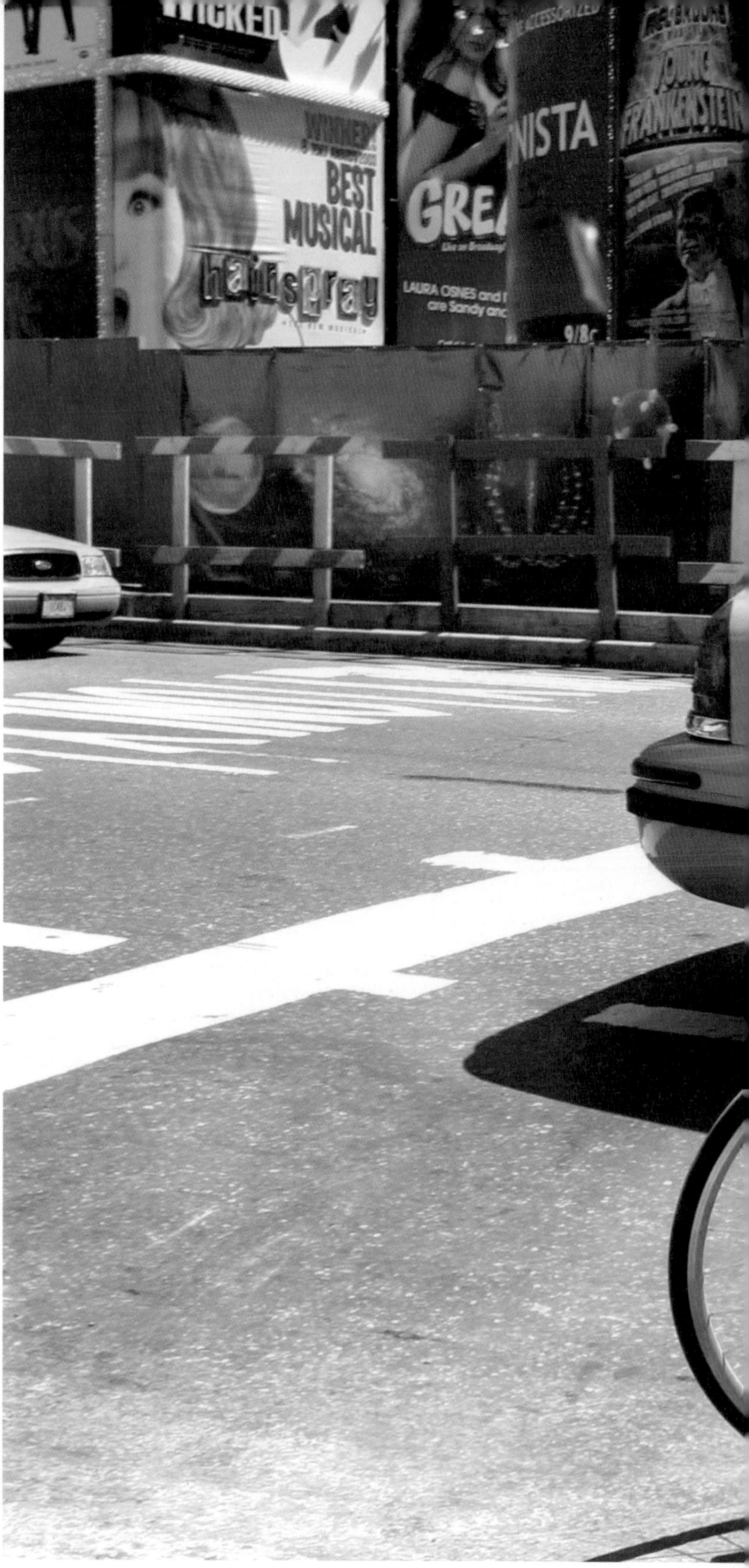

BICYCLE PRINT

LEGALLY BLONDE
CHICAGO
THE LONGEST RUNNING REVIVAL IN BROADWAY HISTORY!
TELECHARGE.COM 212-239-6200

NEW YORK

PORTLAND

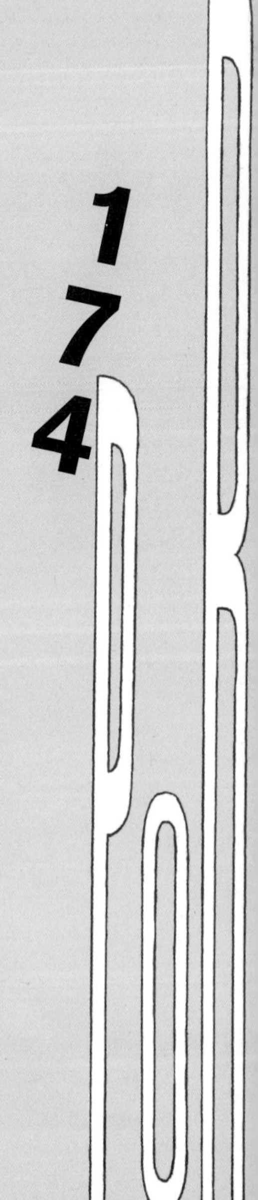

174

미국 캘리포니아 위쪽에 위치한 오리건 주. 포틀랜드는 오리건주의 최대 도시이자 자전거의 낙원이다. '월넛 스튜디올로'라는 이름의 자전거 용품 공방이 위치한 곳도 이곳 포틀랜드다. 월넛 주인장 제프리 프랭클린이 최고의 자전거 친화형 도시로 자신의 고향, 포틀랜드를 소개한다.

BICYCLE PRINT

사진: 포틀랜드 오리건 비지터스 어소시에이션 제공(176~177P, 184~193P)

인터뷰: 월넛 스튜디올로

하는 일과 본인 소개를 부탁한다.

제프리 프랭클린(Geoffrey Franklin)이라고 한다. 8대째 미국 오리건 주에 거주하고 있으며 비버턴과 웨스턴에서 성장기를 보냈다. 오리건 대학교 건축대학을 졸업했고 현재 아내 밸러리와 함께 월넛 스튜디올로(Walnut Studiolo)를 운영하고 있다. 나는 모든 제품을 디자인하고 제작하며, 밸러리는 스튜디오 경영 전반을 담당한다.

당신이 타는 자전거는 어떤 종류인가?

프레임 전체가 나무로 된 레노보(Renovo)를 탄다. 이곳 포틀랜드에서 설계되고 제작된 자전거인데, 뛰어난 기능성과 아름다운 외관이 무척 마음에 든다. 무게와 성능 또한 굉장히 놀랍다.

포틀랜드에 자리를 잡고 사업을 시작한 계기가 무엇인가?

나는 포틀랜드에서 자랐다. 내가 사는 이곳을 사랑하고, 그래서 여기서 죽 살았다.

자전거 용품을 만들기로 한 이유는?

딱히 의식적인 결정은 아니었다. 그냥 내 자전거에 달 것이 필요했는데 파는 데가 없어서 직접 만들었다. 디자이너로서 나는 완벽주의자 성향이 있어서 처음 만든 것에 만족하지 못했고, 그래서 계속 손보고 개선해 나갔다. 어느 날 아내 밸러리가 내가 만든 걸 보더니 "여보, 이거 꽤 멋진데? 다른 사람들도 분명 좋아할 거 같아"라고 말했다. 그렇게 해서 아내가 에치(www.etsy.com)에 숍을 등록하고 반응을 살폈다. 아니나 다를까 아내의 예상은 적중했다!

월넛 스튜디올로의 제품은 손으로 만든 느낌이 물씬 나는 수공예품이다.

수공예품 디자인을 하게 된 건 내게 그저 자연스러운 일이었다. 나는 예술 특목고에 다녔기 때문에 건축보다 미술을 먼저 배웠고, 또 제품 디자인보단 건축을 먼저 배웠다. 말하자면 그 세 가지가 합쳐져서 지금의 일을 하게 됐고, 그 과정에서 익힌 모든 기술을 활용해 제품을 만들고 있다. 건축학은 모든 종류의 디자인을 위한 훌륭한 바탕이 될 수 있다. 건축학과에선 디자인 과정을 가르치고 그것을 실천해 보게 한다. 물론 초점은 건축물에 맞추지만, 건축학과에서 배우는 여러 가지 기술은 제품이든 뭐든 모든 디자인에 응용 가능하다.

사업을 시작하게 된 과정이 흥미롭다. 에치에 관한 이야기를 좀 더 들려 달라.

에치는 신생 업체가 필요로 하는 모든 것을 제공하기 때문에 사업을 처음 시작하는 사람들에게 아주 좋다. 고객 유치, 웹사이트 관리, 결제 처리 등을 그쪽에서 다 해결해 주니까 우리는 등록할 제품을 최대한 좋고 예뻐 보이게 하는 데만 신경을 쓰면 된다. 게다가 수수료도 적절한 편이다.

한편 우리는 (크라우드펀딩 제도) 킥스타터를 통해 최근의 야심작인 자전거 '프레임 핸들'을 위한 가죽을 대량 구매할 자금을 모은 바 있다. 크라우드펀딩은 아이디어를 실행에 옮기는 좋은 방법이긴 하지만, 내 아이디어가 많은 사람들에게 공개된다는 점은 부작용을 가져올 수 있다. 즉, 프로젝트와 모금이 성공을 거두는 걸 보고서 내가 디자인한 제품에 대한 수요가 있음을 확인한 누군가가 그 아이디어를 도용해 유사품을 만들 가능성이 그만큼 더 높아진다.

창작 과정에 대해 설명해 주겠나?

내 창작 과정의 출발점은 둘 중 하나다. 내가 어떤 물건이 필요할 때, 혹은 누군가 나를 찾아와서 어떤 물건이 필요하다고 말하는 데에 나도 공감이 갈 때다. 그러니까 그런 경우는 보통 나 역시 갖고 싶고 사용하고 싶다는 생각이 드는 물건이다. 아무튼 만들어 보기로 결정하면, 우선 잠시 시간을 갖고 마음속으로 제품을 구상한 뒤 프로토타입을 스케치한다. 그다음 프로토타입을 만들고, 보완하거나 개선해야 할 부분을 확인한 후 다시 좀 더 나은 프로토타입을 만든다. 그렇게 몇 개의 프로토타입을 제작해서 테스트한 후에 충분히 만족스러운 결과물이 나오면 정식으로 제품을 만들어 출시한다.

포틀랜드의 특별한 점은 무엇인가?

포틀랜드는 내가 제일 좋아하는 두 가지인 자전거와 맥주에 대한 열정이 아마도 전국에서 가장 뜨거운 도시일 거다. 또한 포틀랜드에는 예술가와 몽상가와 소규모 자영업자를 적극적으로 지지하는 분위기가 있다. 이곳에서 뭔가를 만드는 사람들은 튼튼한 공동체를 이루고 있으며 긴밀한 유대 관계를 맺고 있고, ADX(www.adxportland.com)를 비롯해 다양한 곳으로부터 지원을 받을 수 있다.

내 생각에 포틀랜드는 영세 업체에 대한 지원과 환경 윤리의 면에서 단연 독보적인 위치에 있다. 이 도시에선 어떤 특별한 것이 실제로 일어나고 있으며, 거기에 동참한다는 건 정말로 신나는 일이다. 포틀랜드 시민의 대다수는 우리 같은 사람들이 사는 이상적인 삶을 좋게 생각할 뿐만 아니라 우리가 만드는 물건을 돈을 내고 산다. 그것이 지역의 소규모 업체가 번창하는 이유 중 하나인 듯하다. 많은 이들이 음식이든 맥주든 자전거 용품이든 뭔가를 구입할 때 그것이 어디서 나온 것인지, 또 윤리적으로 생산된 것인지에 대해 세심히 알아보고 꼼꼼히 따진다.

시내에서 라이딩을 즐기는가?

포틀랜드는 매우 자전거 친화적인 도시이며 자전거를 타고 시내를 돌아다니기가 아주 편리하다. 그런 만큼 자전거 문화가 잘 발달해 있고, 자전거로 통근하는 시민의 비율이 전국의 어느 도시보다도 높다. 나는 웨스트 힐스에서의 라이딩을 좋아하는데 가파른 오르막길이 1마일 정도 이어져 있어 스스로에 대한 도전이 되기 때문이다.

포틀랜드 최고의 자전거숍을 추천한다면?

우리 부부는 이 동네에 있는 '조 바이크'(Joe Bike)를 매우 좋아한다. 가족용 및 출퇴근용 자전거를 전문적으로 취급하는 가게인데, 자전거와 관련한 우리 제품을 세계 최초로 전부 다 들여놓은 곳이다.

포틀랜드의 도시 기반 시설과 자연환경은 어떤가?

포틀랜드의 도시 계획 정책은 미국 내 다른 어느 도시와도 비교할 수 없을 만큼 독특하다. 이곳은 정책적으로 도시 스프롤 현상(도시 팽창에 따라 시가지가 교외로 무질서하게 확대되는 현상)을 막고 있고, 동네마다 소규모 지역 업체들이 모여서 활기를 불어넣고 살기 좋은 동네로 만드는 데 기여하도록 장려한다. 가령 포틀랜드 남동부에 위치한 주택가인 우리 동네는 보행 편의성 평가에서 100점 만점에 78점을 받았다. 또, 포틀랜드에는 자전거 이용을 적극적으로 옹호하는 단체들이 있다. 자전거 블로그 바이크포틀랜드(BikePortland.org)라든가, 자전거 통행자를 지지하는 자전거교통협회(Bicycle Transportation Alliance) 등이 그러한 예다. 이들과 자전거로 통근하는 시민들 그리고 자전거에 대해 우호적이고 협조적인 정치인들이 다 함께 힘을 합친 결과, 이 도시는 자전거 도로, 신호등, 자전거 전용 통행로 같은 기반 시설을 탄탄히 갖추게 됐다.

자동차와 보행자들은 자전거에 대해 호의적인가?

자전거와 자동차는 어쩔 수 없이 항상 서로를 견제할 수밖에 없다. 그러나 내 경험상 대부분은 상당히 조화롭게 공존한다. 다만 지난 몇 년 사이에 시내에서 자전거를 타던 사람이 차에 치여 사망한 사고가 몇 건 있었고, 그로 인해 이 문제에 대한 경각심이 부쩍 높아졌다.

당신에게 포틀랜드에 산다는 것은?

포틀랜드는 자전거를 타기에 더없이 좋은, 전국에서 최고로 좋은 도시다. 이런 곳에 살고 있어 행복할 따름이다.

향후 계획을 알려 달라.

사실 언제까지나 제품 디자인만 할 수 있었으면 좋겠다. 제품 디자인은 나의 적성에 꼭 맞는 일이다. 앞으로의 바람이라면 제작과 관련해 더 많은 도움을 얻을 방법을 강구하고 싶다는 거다. 요컨대 충분히 여러 번의 시도를 거듭한 후에 완벽한 프로토타입이 나왔다는 확신이 들면, 그걸 제품화할 수 있도록 후원을 받고 그리하여 다음 제품을 디자인하는 데 집중할 수 있는 여건이 됐으면 한다. 그게 현재로서의 목표다.

월넛 스튜디올로(Walnut Studiolo) 미국의 포틀랜드에 소재한 자전거 관련 가죽 제품 공방. 건축자이기도 한 제프리 프랭클린이 아내 밸러리와 함께 2009년 오픈했다. 월넛스튜디올로의 제품은 모두 손으로 만든 가죽 제품이다. 핸들 그립, 안장 가방, 자전거 운반용 스트랩부터 와인이나 캔맥주 거치용 가죽 홀더까지 위트를 담은 디자인 상품을 좋은 퀄리티로 만들어 낸다. 가죽 공예 워크숍도 운영한다.
www.walnutstudiolo.com

↑ 가죽 공방 월넛 스튜디오로의 정체성을 보여 주는 로고. 가죽 위에 인두 도장으로 찍었다.

↓ 탑튜브에 장착된 가죽 스트랩은 맥주 캐리어를 단단하게 고정시킨다. 길이 조절이 가능한 짐받이의 가죽 스트랩은 다양한 크기의 물건을 고정할 수 있다.

월넛 스튜디올로의 두 사람, 제프리 프랭클린(왼쪽)과 그의 아내 밸러리. 제프리 프랭클린의 감각과 손재주를 알아본 밸러리는 다른 사람들도 남편의 디자인을 좋아할 것이라는 확신이 있었다.

사진: 에린 버젤(180~183P)

→ 페니어 가방. 자전거 바퀴 양옆에 달아 물건을 수납하는 용도. 먼 거리를 이동할 때 유용한 소품이다.

↖ 진흙, 빗물이 튀는 것을 방지하는 가죽 패치.
↙ 시트백. 작은 물건을 수납한다.

↓ 맥주 홀더. 포틀랜드는 로컬 맥주 양조장과 맥주 이벤트가 자주 열리는 맥주의 도시다.

미국 오리건 주의 최대도시이며 면적은 서울의 반 정도, 인구는 20분의 1 정도. 포틀랜드는 미국에서도 손꼽히는 자전거 친환경도시이다. 자전거 도로가 총 700마일(1,126km)이며 자전거 이용률은 미국 평균 자전거 이용률의 열 배에 이른다. 미국에서 처음으로 재활용법(1971)을 채택하였고 카쉐어링, 환경펀드를 처음 도입한 곳이다. 많은 미디어가 포틀랜드를 가장 환경친화적인 미국 도시 중 하나로 인정하고 있는데, 실제로 여러 도시가 포틀랜드의 지속 가능한 도시 환경 정책을 이상적인 모델로 삼고 있다.

PORTLAND

PORTLAND

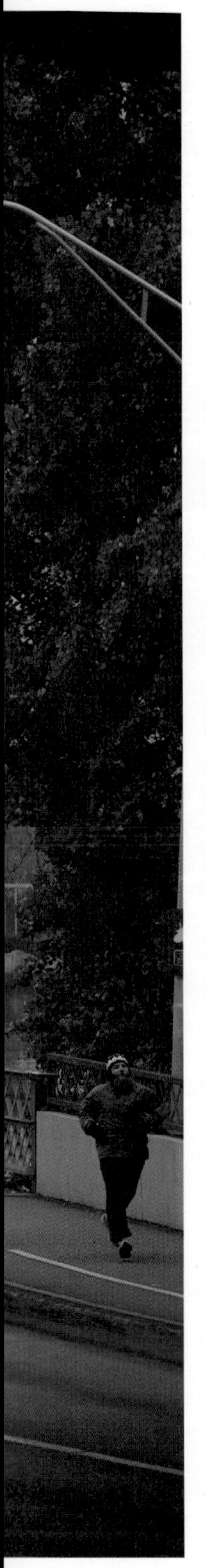

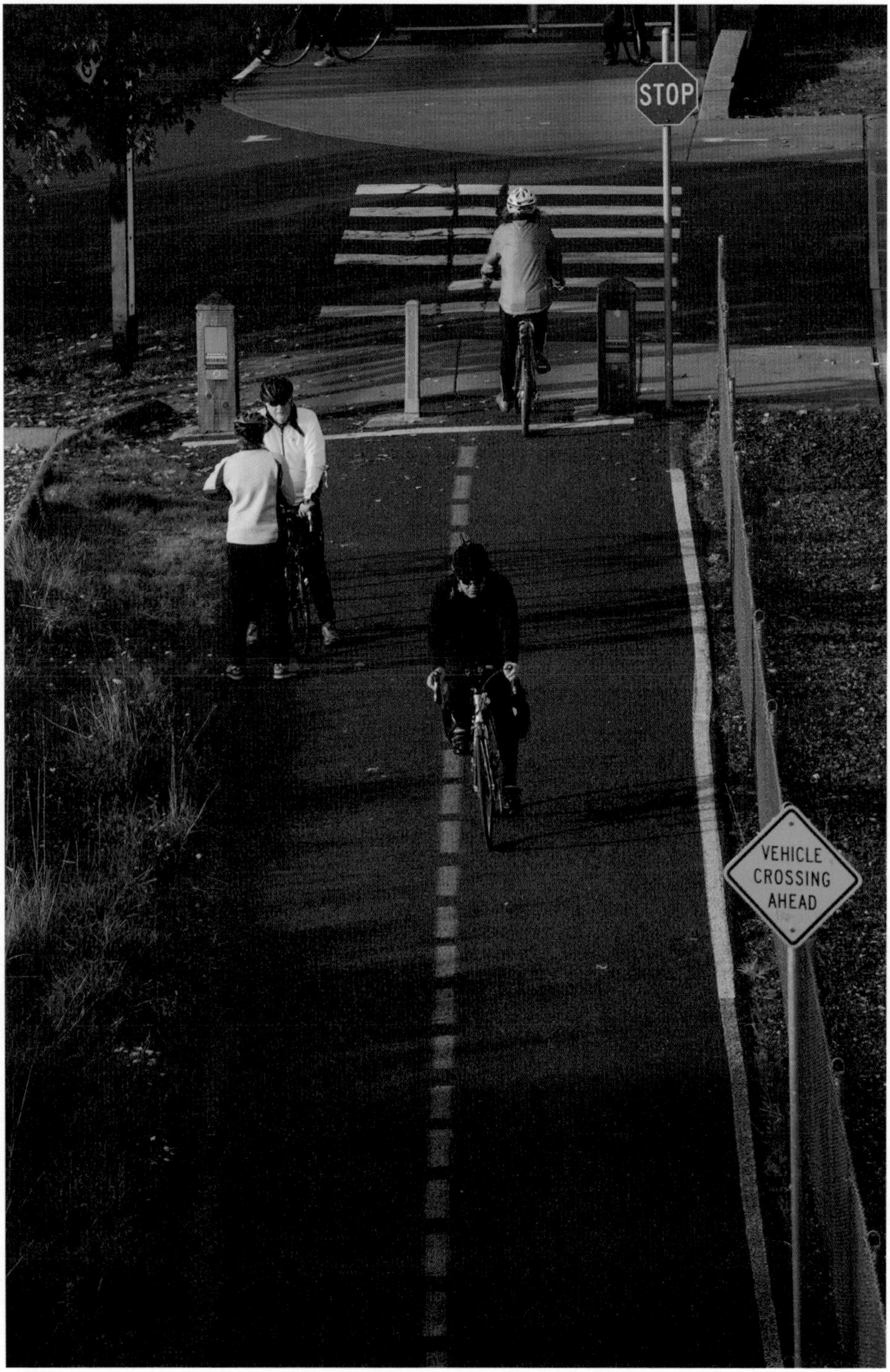
STOP
VEHICLE
CROSSING
AHEAD

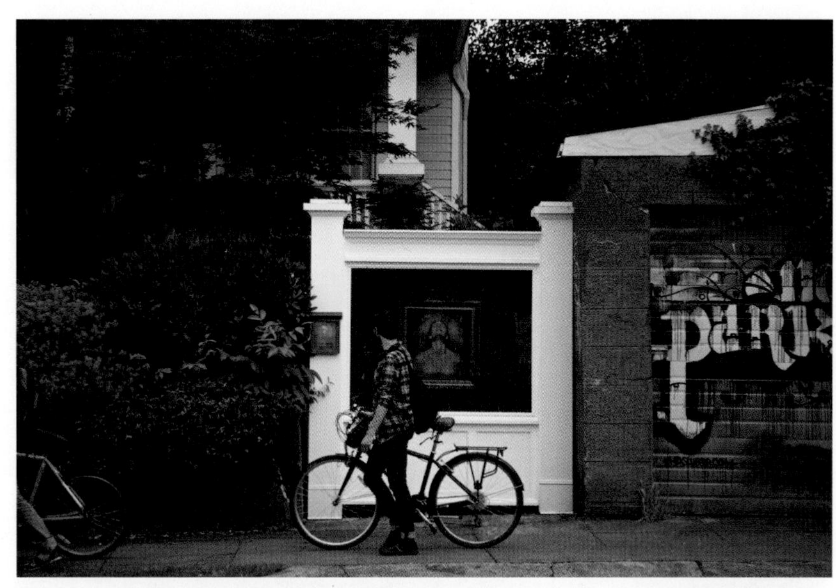

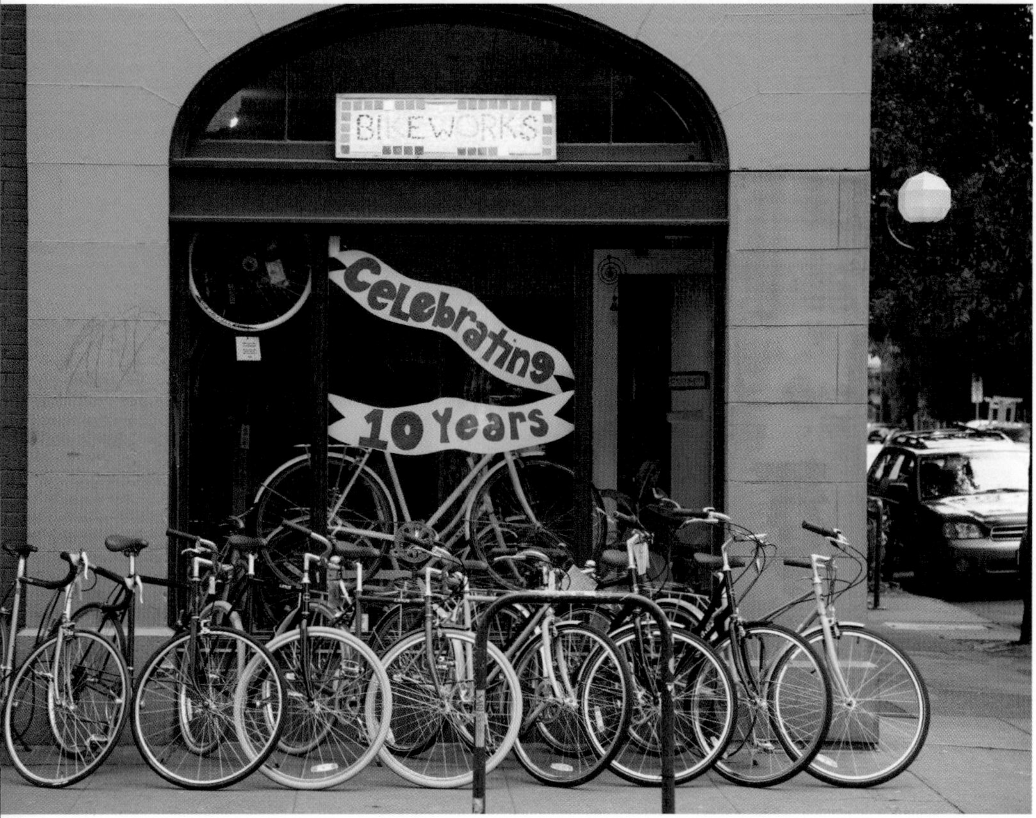
BIKEWORKS
Celebrating
10 Years

BICYCLE PRINT

PORTLAND

SHANGHAI

1
9
4

상하이

2천만 명 인구의 국제도시 상하이에서 외국인 다섯 명이 팩토리5라는 자전거 집단을 결성했다. 팩토리5는 자전거 제작자이자 숍이며 워크숍, 라이딩 행사의 주체자로서 상하이 자전거 문화에 새로운 바람을 불어넣고 있다. 팩토리5가 들려주는 상하이 이야기.

春季房交会
2013
开春第1展
巨惠仅四天
4/12-4/15

SHANGHAI

사진: 팩토리5 제공(196~205P, 208~213P 상단)

인터뷰: 팩토리 5

팩토리5를 소개해 달라.

중국 상하이에 위치한 자전거 부티크 겸 작업실이다. 우리는 고정기어(기어가 없는 기종. 픽시) 자전거를 주문 제작하고 중국 클래식 빈티지 자전거를 개조하며, 해외 브랜드를 중국에 소개하기도 한다. 팩토리5는 상하이 픽시 문화의 중심지로서 연례행사인 상하이 앨리캣(Shanghai Alleycat)을 비롯해 다양한 라이딩과 경륜을 개최한다.

현재 타는 자전거는 어떤 종류인가?

우리는 트랙용 고정기어 자전거를 탄다. 기어가 하나이고, 브레이크가 없는 것도 있다. 빠르고 날렵한 데다 가볍고 아름다워서 상하이처럼 넓고 평지가 많은 도시에서 타기에 딱 좋다.

구성원에 대해 궁금하다. 어떻게 팩토리5를 시작하게 됐는지 말해 달라.

각자 수년간 자전거를 즐겨 타던 사람들인데 제각기 다른 이유로 2009년에 상하이로 오게 됐다. 우리는 이곳에서 만나 고정기어 자전거에 대한 열정을 공유하면서 함께 라이딩을 즐겼다. 그러다가 2010년에 우리가 탈 자전거를 직접 만들고 정비도 하고 다른 사람들에게 도움도 줄 겸해서 첫 번째 공간을 열었다. 동네 아지트와 같았던 그 공간이 성장하면서 결국 각자 하던 일을 그만두고 팩토리5 운영에 매진하게 됐다. 두 번의 이전을 거쳐 자리 잡은 현재의 공간은 작업장과 쇼룸과 매장을 모두 갖추고 있다.

고정기어에 특별히 관심을 두게 된 이유가 무엇인가?

자전거 타기는 그 자체로 세상을 탐험하는 아주 훌륭한 방법이며 고정기어 자전거 역시 그 연장선상에 있다. 우리가 타는 이 자전거만의 특별한 매력이자 가치라면 단순함의 미학을 들 수 있겠다. 그리고 공격적인 면도 있는데, 탄탄하고 날쌘 벨로드롬 사이클 선수나 자전거 메신저(자전거로 물건을 배달하는 사람)를 떠올려 보면 알 수 있다. 그들에겐 고정기어 자전거를 타는 것이 삶의 목적이나 다름없다.

당신들이 여는 '화요 라이딩'에 매번 수많은 사람들이 모이는 걸 봤는데 대단히 인상적이었다.

그렇다. 우리는 매주 화요일 저녁에 단체 라이딩을 나간다. 2009년에는 10명이 전부였지만, 가게를 연 이후 지난 18개월 동안 픽시에 대한 관심이 폭발적으로 증가했다. 그래서 요즘은 매회 100~150명이 참가하고 있고, 우리가 선두에 서서 매번 다른 코스와 목적지를 안내한다. 정말 멋진 경험이다. 두어 시간 동안 도시 전체가 우리 것이 되는 것 같은 기분을 느낄 수 있다.

상하이에서 활동하게 된 계기가 무엇인가?

중국은 변화와 기회로 가득한 곳이다. 상하이 사람들은 이제 막 스스로를 표현하고 자신의 열정을 깨닫기 시작했다. 고정기어 자전거는 스포츠를 즐기는 동시에 생활방식을 표현하는 수단이 되며, 지역주민들 간의 교류를 촉진한다. 그것은 현재 중국에서 성장 중이고 우리도 더불어 성장하고자 한다.

상하이에서 어떤 종류의 문화적 자극을 경험하나?

상하이는 세계 최대의 도시이고 파릇파릇한 젊은 세대가 급부상하고 있다. 그들은 언제든 할 수만 있다면 자신의 삶을 업그레이드하기를 간절히 원한다. 한마디로 이곳은 진보의 도시다.

상하이에서 자전거를 타는 것의 특별함이 있다면?

상하이는 드넓은 도로와 널찍한 자전거 전용 도로가 곳곳에 펼쳐져 있는 거대도시이며, 언제나 바삐 돌아가고 언제나 볼거리가 풍부하다. 상하이 시내에는 파란색 네온 불빛이 밝혀진 웅장한 고가 고속도로가 사방으로 뻗어 있다. 우리는 이 고가 도로 아래를 달리는 걸 몹시 좋아하는데 매우 미래적인 느낌이 들기 때문이다. 또, 새로 건설한 강변도로를 따라가는 코스도 아주 좋아한다. 그 길은 신호등이 거의 없어서 막힘없이 쭉쭉 달릴 수 있다.

자전거와 관련한 상하이 최고의 가게·공간을 추천해 달라.

상하이 최고의 자전거 공간은 역시 팩토리5다. 우리는 이곳을 지역주민들과 함께하는 공간으로 만들기 위해 많은 시간을 할애해 왔다. 냉장고엔 맥주가 채워져 있고 의자도 많으며 밖에서는 바비큐를 구워 먹을 수 있다. 주말과 저녁이면 수많은 라이더들이 들러서 함께 어울리고 즐거운 시간을 보낸다. 팩토리5는 잠시도 조용할 때가 없다.

상하이의 자전거 문화에 대해 알려 달라. 전기 자전거에 대해서도 궁금하다.

상하이는 지금까지 내가 자전거를 타 본 그 어떤 도시보다도 더 많은 자전거가 거리를 누비는 곳이다. 시민들은 페달을 밟는 일반 자전거와 전기 자전거를 일상적으로 이용하며, 때로는 교차로마다 자전거 정체 현상이 일어나기도 한다. 마오쩌둥은 1950년에 중국의 모든 인민은 자전거를 소유해야 한다고 선포했고 그것을 현실로 만들었다. 중국인은 자전거에 열광하며, 많은 이들이 자전거를 실용적인 교통수단의 한 형태로 간주한다. 이런 태도가 급변하고 있는 걸 보면 굉장히 흥미롭다. 한편 중국은 느슨한 도로교통법으로 인해 전기 자전거, LPG 바이크, 릭샤, 삼륜 자전거 등 온갖 종류의 자전거가 거리 위를 달리며 서로 공간을 차지하기 위해 경쟁을 벌인다.

당신들은 중국 클래식 자전거를 복각하기도 하는데.

중국 클래식 자전거는 우리가 이 작업실을 하면서 처음으로 만져 본 것이다. 중국에서 약 60년 전부터 수백만 대가 생산되어 온 '피닉스'(Phoenix)나 '포레버'(forever) 자전거는 대부분 옛 모습 그대로다. 그러니까, 압축 강철로 만든 커다란 프레임에 저렴하고 품질이 떨어지는 부품을 주로 사용한다. 우리는 이 자전거들을 분해하고 프레임을 뜯어내서 고정기어 부품을 달 수 있게 재설계한다. 좋아서 하는 일이고 수고가 많이 들지만, 한눈에 알아볼 수 있는 중국의 고전적인 자전거와 깔끔하고 현대적인 픽시의 미학이 하나로 결합한 아주 독특한 결과물이 나온다. 이렇게 개조한 자전거는 대단히 인기가 많다.

오래된 중국 자전거의 어떤 점이 개조할 가치가 있는가?

중국은 오랫동안 자전거를 생산해 왔고 도로에는 그야말로 수백만 대의 자전거가 널려 있다. 지속가능성의 관점에서 보면 재활용한 자전거보다 더 좋은 건 없다. 게다가 우리는 그 자전거들이 획일적이면서도 아름답다고 생각해서 개조해 보고 싶었다. 말하자면 하나의 도전이었던 셈이다. 그리고 오래된 프레임으로 새로운 무언가를 만들어 내는 데 성공한다면 자전거 작업장으로서 명성을 얻을 수 있으리란 생각도 없지 않았다.

주문 제작한 자전거 중 흥미로웠던 사례를 소개해 달라.

우리는 자전거 프레임 제작과 도장을 전문으로 하는 경험 많은 업체와 함께 일하는데, 그들 덕택에 어디서도 찾아보기 힘들 만큼 독특한 자전거를 맞춤제작할 수 있다. 우리 고객 중에는 색상과 그래픽부터 부품 종류까지 직접 선택해서 자전거에 자신만의 개성을 부여하고자 하는 사람들이 많다. 최근의 한 고객은 상하이에서 메탈 및 록 바를 운영하는 분이었는데, 자전거를 통해 그의 개성을 표현하고 싶어 했다.

수제 자전거 주문이 점점 늘고 있는 추세인가?

수제 자전거는 일반 자전거보다 훨씬 더 품질이 뛰어나고 수명도 길다. 사람들은 시내 여기저기를 돌아다닐 용도의 자전거를 찾을 때 대개 처음엔 수제 자전거를 고려하지 않는다. 그러나 좀 더 멀리 생각해 보면, 가령 자전거 여행을 한다거나 앞으로 수년 동안 교통 수단으로 쓸 것을 생각하면 쉽게 답이 나온다. 그런 고객이 우리를 찾고, 우리는 그들을 위해 특별한 자전거를 만들어 준다.

중국 자전거 여행을 했다고 들었다.

'미션 워크숍'(Mission Workshop) 사람들과 '프롤리 이즈 낫 프로버블리'(Prolly is Not Probably)의 운영자 존이 상하이에 왔을 때 우린 그들에게 중국을 구경시켜 주고 싶었다. 그래서 다 함께 자전거를 타고 쑤저우까지 갔고, 그곳에서 하루는 200명이 넘는 사람들이 우리의 야간 라이딩에 동참했다. 이어서 우리는 타이후 호수 속으로 들어가고 산길을 따라 달렸으며 대나무 숲과 도시의 빌딩 숲을 누볐다. 상반된 것들이 공존하는 중국의 환상적인 경관에 그들은 감탄을 금치 못했다.

한국에서도 주문 가능한가?

물론! 온라인 스토어를 통해 전 세계 어디서나 주문 가능하며 한국으로도 배송해 준다. 올해 이미 다섯 대를 서울로 보냈다.

상하이 운전사와 보행자들은 자전거에 대해 호의적인가?

중국 운전사는 내가 본 운전사 중 최악이다. 우리는 모든 운전사가 우리의 주행을 가로막고, 추월하고, 적신호를 지키지 않고, 앞뒤를 살피지 않은 채 전화 통화를 하고, 심지어는 어쩌면 우리를 곧장 들이받을지도 모른다고 생각하고 자전거를 타야 한다. 대부분의 운전사가 실제로 그 모양이다. 그걸 염두에 두고 라이딩에 나서면 한결 낫다. 즉, 항상 예기치 못한 사고에 대비하는 마음가짐이 필요하다. 그러면 즐거운 라이딩을 할 수 있다.

1 F5 피스타 플레임 슈터. 팩토리5의 주력 기종인 고정기어 자전거 모델인 피스타. '피스타'는 팩토리5가 출시하는 자전거 기종, '플레임'(Flame)은 주문자의 뜻에 따라 가공 처리한 기법, '슈터'(Shutter)는 주문자 이름이다.

2 F550 데이브. 상하이에서 메탈 록 바를 운영하는 주인(데이브)이 주문한 자전거.

3 F5100 트랙 자전거.

4 차이나 클래식 안토지토. 중국의 저렴한 클래식 중고 자전거를 개조해 고정기어로 탈바꿈시킨 자전거.

끝으로 상하이의 자전거 환경을 평가해 달라.
상하이에는 자전거 전용 도로가 많다. 우리가 살아본 모든 도시를 통틀어 자전거 전용 도로가 가장 잘 돼 있고, 주차도 어디서나 쉽게 가능하다. 게다가 (카메라가 많이 설치되어 있기 때문이기도 하지만) 중국인은 신의를 굉장히 중시하는 관계로, 대부분의 대도시에 비해 절도율도 현저히 낮다. 버스 운전사들만 우리를 좀 너그럽게 봐주면 자전거를 타기엔 정말 완벽한 도시다.

팩토리5(Factory 5) 상하이에서 활동하는 수제 자전거 제작 업체이자 다양한 자전거 제품을 소개하는 숍. 중국의 대표적인 국제 비즈니스 도시인 상하이에 각기 다른 나라에서 건너온 5명의 자전거 애호가들이 2009년부터 화요일 라이딩을 함께 하다 의기투합해 2010년부터 팩토리5라는 이름으로 작업장과 숍을 운영해 오고 있다. 매번 150명 이상이 참여하는 화요 라이딩을 주최하고 워크숍을 비롯한 다양한 행사를 벌이는, 상하이의 자전거 문화를 선도하는 집단으로 인정받고 있다. 이들의 자전거는 전 세계로부터 주문이 답지한다. www.wearefactoryfive.com

자전거 주문자들. 주문한 자전거에 자신의 이름이 붙는다.
위 왼쪽부터 시계 방향으로 F5 피스타 마틴, F5 플레임 민,
차이나 클래식 크리스티안, F5100 타카하시.

↑ 팩토리5 쇼룸 겸 작업장. 지역 사람과 함께하기 위한 공간이다.
↙ F5 피스타 플레임. 불로 그을린 듯한 도금이 팩토리5의 러그 제작 기술과 조화를 이룬다.
↘ F550 닉. 중국 국기 오성홍기를 형상화한 자전거. 프레임에 상하이(上海) 글자를 넣었다.

→ F5 필렛 브레이즈드 타일러. 금속을 불꽃으로 용융해 튜브 사이를 채워 접합시키는 방식으로 용접한 자전거.

FACTO
FIVE

바이시클 프린트

팩토리5의 프레임을 만들고 완성차를 조립하는 공방이며 라이더들이
늘 서로 어울리고 즐거운 시간을 보내는 아지트이다.

BICYCLE PRINT

상하이

SHANGHAI

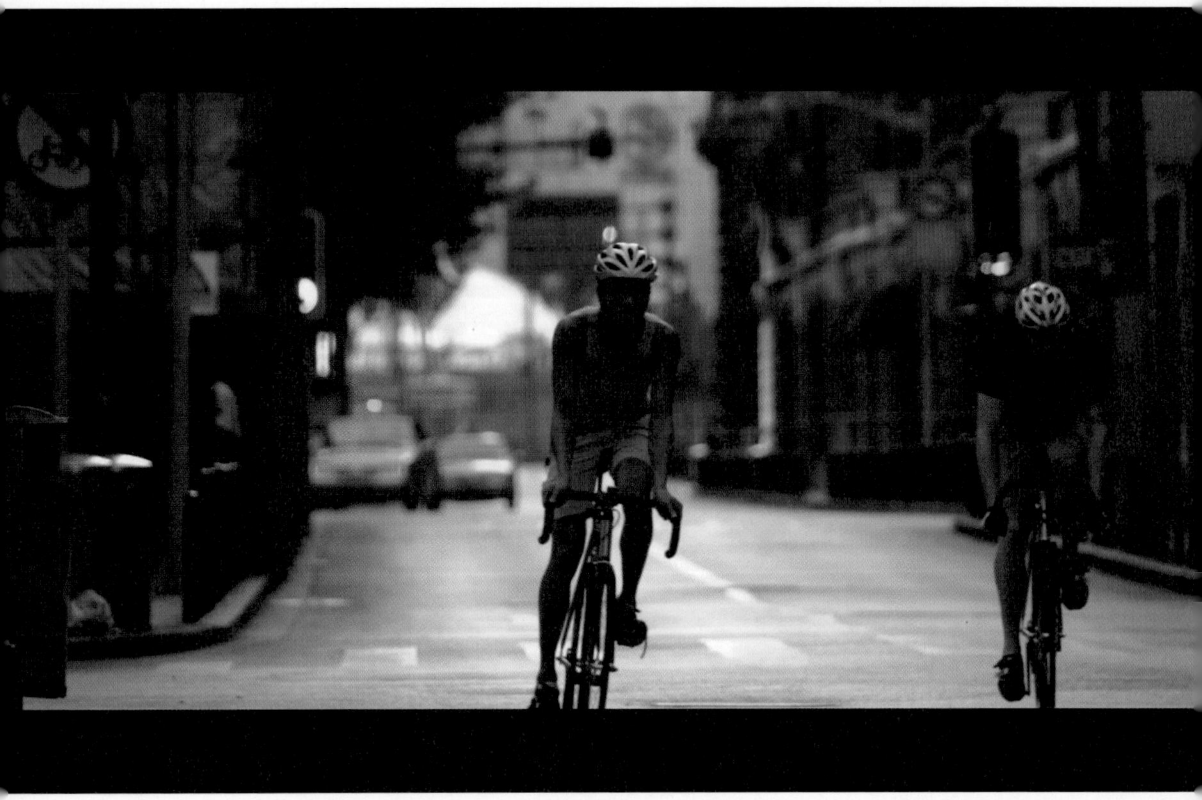

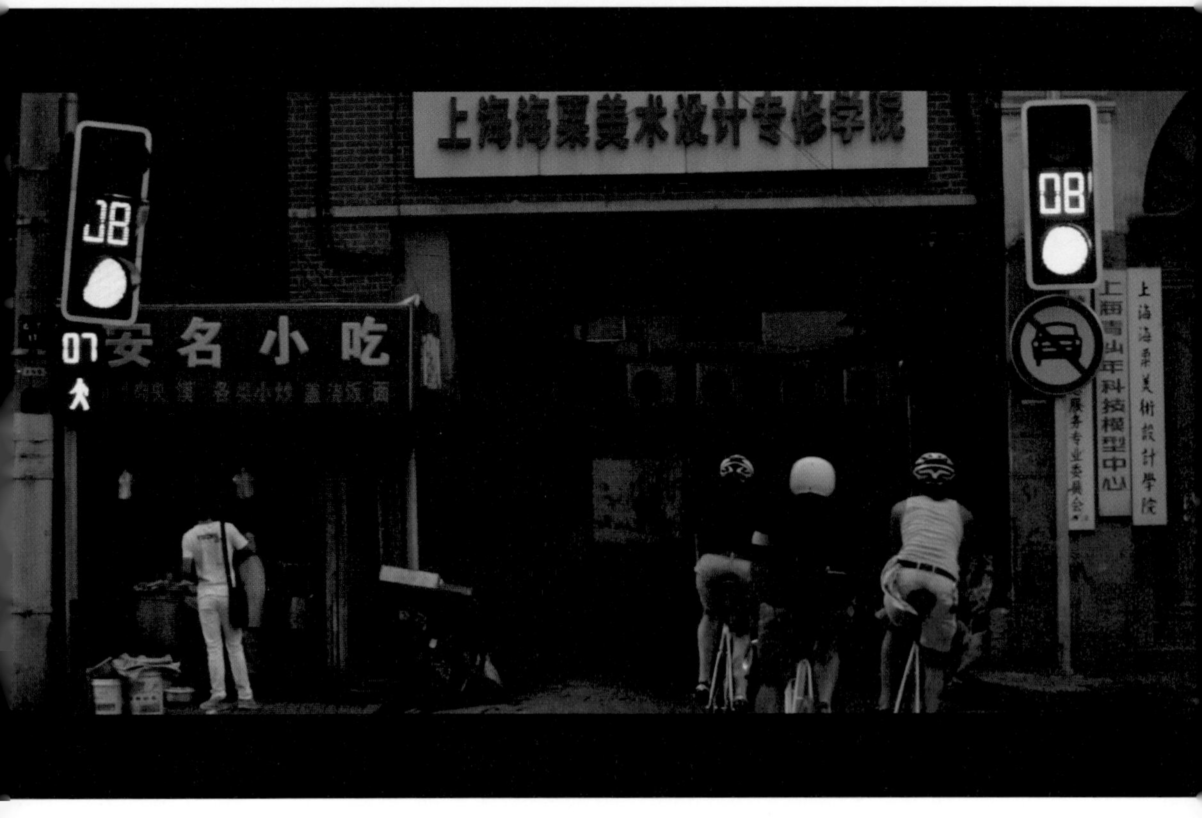
上海海粟美术设计专修学院
安名小吃
07
上海海粟美術設計學院

영상 제작자인 찰스 플래너는 상하이를 배경으로 팩토리 5의 하루를 촬영했다. 마지막 사진은 팩토리5가 매주 화요일 진행하는 야간라이딩. 100~150여명의 사람들이 함께 도로를 달릴때면 마치 도시 전체를 점유한 것만 같다.

사진: 찰스 랑스플래너 제공(206~207P)

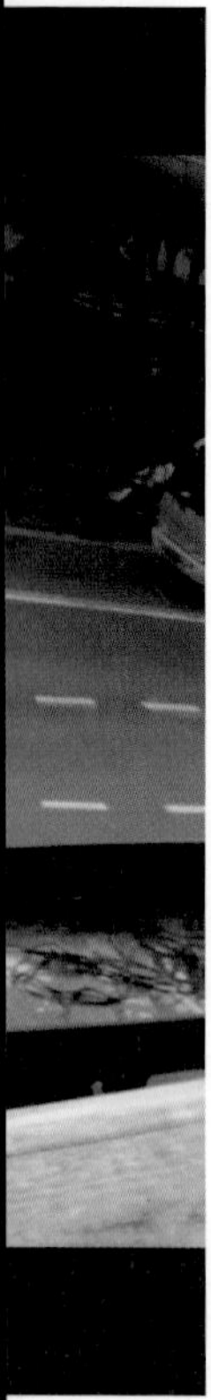

팩토리5의 라이딩 여행. 샌프란시스코를 기반으로 수제 메신저 백을 만드는 '미션워크숍'과 자전거 블로그 '프롤리 이즈 낫 프로버블리'의 운영자가 상하이에 방문했을 때 가진 라이딩. 이들과 함께 상하이 도시 빌딩 숲에서 광활한 자연이 펼쳐지는 곳까지 함께 달렸다.

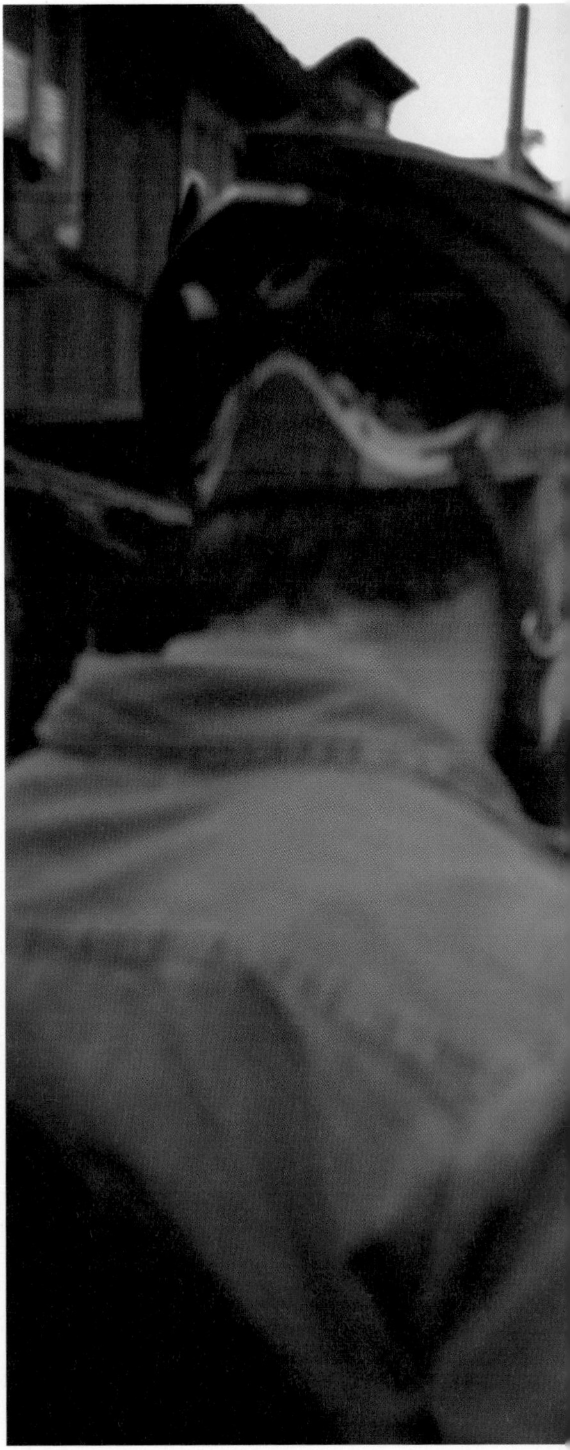

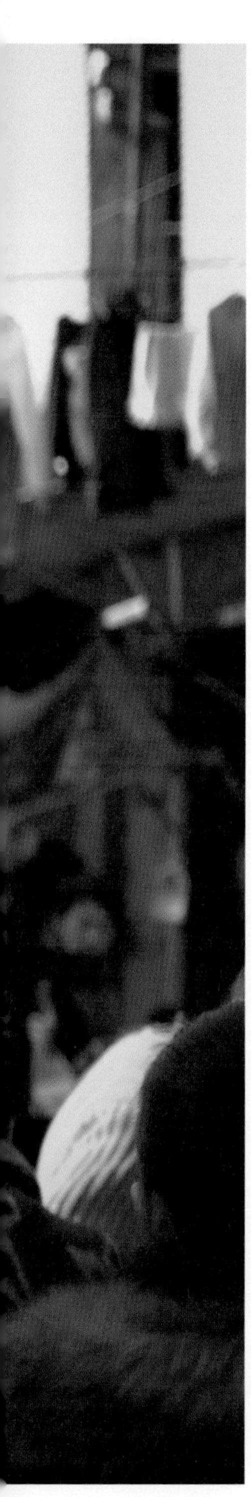

经典咖啡
COFFEE LATTE
ESPRESSO
AMERICANO
拿铁
意式特浓
美式
XIAN TEAHOUSE

SEOUL

2
1
4

독일 출신 사진 작가 닐스 클라우스가 한강 둔치의 풍경을 일련의 사진에 담았다. 거대한 구조물과 대비되는 사람들의 모습을 담은 이 사진들은 자신의 서울 생활과 한강에 대한 첫인상을 추억하는 기념 사진과 같다. 자전거를 타는 시선으로 바라본 한강 주변의 낯선 장면들.

SEOUL

SEOUL

인터뷰: 닐스 클라우스

어떻게 한국에 오게 됐나?
나는 독일 북부의 작은 마을에서 자랐다. 인구가 고작 6천 명 정도였던 그곳은 정말 아무것도 할 게 없어서 머리가 굵어질수록 점점 더 싫증이 났다. 그래서 고등학교를 졸업하자마자 그곳을 떠났다. 처음엔 쾰른으로 갔고, 그다음 미국과 오스트레일리아를 거쳐 홍콩으로 넘어갔다. 왕가위 영화 속의 공간과 건축에 관한 졸업논문을 준비하면서 자료 조사 차 갔던 건데, 거기서 영화 제작에 대한 열정이 싹텄다. 또한 홍콩에서의 경험은 아시아 도시의 운명이 이후의 내 작업에 커다란 영향을 미치는 계기가 됐던 것 같다. 베를린에서 학업을 마친 후 사진을 계속하면서 영화 제작에도 본격적으로 집중해 보기 위해 아시아행을 결심했다. 아시아 지도를 펼쳤다. 동남아시아는 그다지 끌리지 않았는데, 그쪽 문화에 친숙하지 않아서인지 나와 별로 상관이 없다는 생각이 들었기 때문이다. 하지만 동북아시아는 느낌이 달랐다. 그간 공부를 하면서 중국과 일본과 한국 영화는 이미 많이 봐 와서 그러지 않았나 싶다. 한국을 택한 첫째 이유는 당시에 한국 영화를 굉장히 즐겨 봤기 때문이지만, 사실 다들 가는 나라론 가고 싶지 않았던 것도 있다(웃음). 아무튼 그렇게 2005년 말 서울로 왔다.

서울에 대한 인상이 어땠나?
처음 도착했을 땐 도시의 규모와 크기에 압도됐다. 한국어를 배우면서 한가한 시간에는 주로 시내를 돌아다니며 도시의 모습을 카메라에 담았다. 서울에서 처음 찍은 사진들은 대부분 건물 사진이었다. 한 장의 사진 안에 최대한 넓은 경관을 담아내기 위해 전망 좋은 곳을 찾아 옥상으로 올라갔다. 그럴 때면 때로는 경비원을 피해 건물 안으로 몰래 숨어들어 가는 아이가 된 기분이었다. 실제로 한 번은 아파트 옥상에 있다가 경비원에게 쫓겨 내려온 적이 있다. 그는 나를 발견하고는 데리고 내려와 추궁했다. 난 사진을 찍으러 다닐 땐 항상 자전거를 타고 나가기 때문에 자전거 좀 갖고 오게 잠시만 기다려 달라고 부탁했다. 그 곤혹스러운 상황에서 얼른 빠져나가고 싶었던 거다. 그래서 카메라와 장비를 모두 챙겨 들고 자전거에 올라타 튀려고 했다. 하지만 결국 경비원한테 붙잡혔고, 이내 경찰과 아파트 주민들이 웅성대며 나를 빙 둘러쌌다. 당시엔 아직 한국어를 잘 못해서 쩔쩔맬 때라 룸메이트가 전화로 통역을 해주어 간신히 궁지에서 벗어날 수 있었다. 여하튼 그때 이후론 그냥 땅 위에서 찍는 일이 많아졌고, 인물 사진도 좀 더 자주 찍기 시작했다(웃음).

서울에서도 자전거를 타나?
그렇다. 독일에서 타던 자전거를 가져왔는데, 할머니가 돌아가시기 전에 내게 사고 싶은 것을 사라고 주신 돈으로 산 자전거다. 자전거야 어렸을 때부터 늘 타던 것이고, 생각해보면 독일에서는 어디든 자전거로 이동했다. 그런데 막상 가져와보니 한국에서는 자전거를 마음대로 탈 수 없었다. 게다가 처음엔 지리도 잘 몰랐다. 서울 생활 초반에 나는 거대한 도시에 기가 질렸다. 그래서 자전거와 카메라를 가지고 무작정 시골로 여행을 떠났다.

그 여행에서 뭘 경험했나?
한 일주일 동안 자전거를 타고 시골을 돌아다니며 마을 회관이나 어르신들 집에서 잠도 자고 밥도 얻어먹고 그랬다. 당시엔 한국어도 잘 못했는데 나같이 처음 보는 외국인한테 엄청 잘해 주시는 게 신기했고, 여하튼 그렇게 잘 다녀왔다. 여행을 하는 도중에 이런저런 도움을 주거나 이야기를 나눈 사람들의 사진도 많이 찍었다. 그때 나는 서울에서 출발해 동해안으로 갔다가 포항까지 내려갔다. 카메라 두 대와 렌즈로 가득 찬 가방에 삼각대까지 싣고서 산을 오르기란 만만치 않은 일이었다. 그렇지만 내리막을 달릴 땐 무거운 짐 덕택에 속도가 더 나서 매우 신이 났다(웃음).

아무튼 여러모로 정말 보람찬 여행이었다. 매일 자전거로 달리다 보니 운동도 됐고 흥미로운 사람들도 많이 만났으며 창작을 위해 유익한 자극도 얻었다. 신선한 바람을 맞으면서 지나가는 풍경을 바라보는 동안 풍부한 영감이 떠올랐고, 맑아진 머리로 새로운 프로젝트와 아이디어를 구상할 수 있었다. 친구인 스튜어트 하우(Stuart Howe)와 함께 작업한 독일 가수 슈미트(Schmidt)의 ‹신시티›(SinCity) 뮤직비디오는 사실 그 여행에서 영감을 받은 거다. 동해안에 도착해서 스쿠버다이빙 강사를 우연히 만났는데, 어쩌다 보니 그날 밤 그의 친구들 사이에 껴서 놀게 됐고 그가 하룻밤 무료로 묵을 곳도 알아봐 주었다. 그러니까 잠수복을 입고 여기저기 돌아다니는 ‹신시티› 뮤직비디오의 주인공은 그를 생각하면서 만든 캐릭터다. 그리고 결국은 촬영도 그때 그 장소에서, 그때 그 여행을 통해 만난 사람들의 도움을 받아 진행하게 됐다.

어떻게 사진과 촬영을 공부했나?

먼저 이론을 공부했다. 나는 영화학과 미술사학을 접목한 시각문화 연구로 석사 학위를 받았다. 앞서 말했듯 사진은 어릴 때부터 가장 좋아하는 취미였다. 결과적으로 그 취미는 점점 더 진지한 방향으로 나아갔고, 나는 사진 작업에 더욱 몰두하기 시작했다. 그리하여 2000년에 오스트레일리아에서 첫 번째 전시를 열고 첫 번째 사진집도 냈다. 이후 해가 갈수록 자신감이 붙었고, 수년에 걸쳐 많은 훈련과 연습을 한 끝에 사진으로 먹고살 수 있게 됐다. 나는 원하는 직업을 얻기 위해 그걸 꼭 학교에서 공부해야 한다고 생각하지 않는다. 일반적으로 그렇단 얘기다. 어떤 대학에서 무엇을 전공했든 결국 중요한 건 스스로 무엇을 어떻게 공부하고 실천하며 얼마나 진지한 태도로 접근하느냐다. 그건 대학에서 가르쳐줄 수 없다. 한국에서 중앙대학교 대학원에 다니며 영화 촬영을 공부할 때 그런 나의 생각이 맞았다는 걸 새삼 확인할 수 있었다. 내가 영화 학교에 다니면서 얻은 가장 큰 깨달음은 영화 학교에 다니는 게 엄청난 시간(과 돈) 낭비라는 사실이지 싶다. 개인적으로 가장 중요하게 생각하는 건 한 가지 주제를 정하고 거기에 초점을 맞추어야 한다는 점이다. 대개의 경우 그 주제는 자기 자신 및 자신의 관심사와 관련이 있다. 나는 작업을 할 때 이미지의 미적 특질 못지않게 그 이면의 의미에도 큰 비중을 둔다. 일부 예술가들은 우연히 뭔가를 만들고 나중에 거기에 의미를 부여하는 식으로 작업을 한다. 그러나 나는 즉흥적으로 작업을 하면 의미와의 연관성이 분명 결여될 거라 생각하기 때문에, 사진이든 영상이든 촬영에 들어가기에 앞서 전달하고 싶은 메시지를 명확히 정리하려 노력한다.

사진과 영상 작업 사이에 연결점이 있는가?

그렇다. 두 작업을 병행하는 만큼 서로 영향을 미칠 수 밖에 없다. 알다시피 영화에선 아무래도 인물이 중요하기 때문에 촬영감독은 인물 묘사에 중점을 두게 마련이다. 그런 연유로 나는 영상 작업을 시작한 이후 사진 속에도 인물적 요소를 도입하게 됐다. 그 이전에는 어떤 공간이나 건물을 기록하는 데에만, 즉 건축물의 순수한 형태를 포착하는 데만 초점을 맞추었으나 ‹도시경관›에선 사람들의 인간적인 모습을 건축 사진 속에 통합하고자 한 작품이다. 하지만 내 사진에서 인간은 그들이 거주하는 건축적 환경의 압도적인 규모에 비하면 보잘것없는 존재, 그들을 둘러싼 도시환경에 비해 열등한 존재로 그려진다.

한편 도시와 시골의 상호 연관성 또한 나의 사진 및 영화 작업에서 일관적으로 나타나는 주제 중 하나다. 예컨대, 최근에 작업한 ‹도시의 자연›은 도시의 벽에 그려진 시골의 공간을 보여 준다. 한국처럼 인구 대다수가 도시에 거주하는 나라에서 그와 같은 벽화는 오래전에 잃어버린 시골 공간에 대한 일종의 향수를 담고 있다고 생각한다.

서울 어디에 살고 있나?

한국에 처음 도착했을 땐 이문동과 회기동에 살았다. 고려대학교와 경희대학교에서 한국어 수업을 들었기 때문에 가까워서 편했다. 영화 촬영을 공부하기 위해 중앙대학교 대학원에 들어가고서는 흑석동으로 이사를 했다. 졸업한 지 1년 반이 지났지만 아직 흑석동에 산다. 처음 한국에 왔을 때는 답답하다는 느낌을 자주 받았던 걸로 기억한다. 왜냐하면 서울에선 자전거를 타고 학교에 다닐 수가 없었기 때문이다. 독일에선 일상적으로 자전거를 탔다. 버스나 지하철을 이용한 적이 거의 없고, 항상 자전거를 타고 다녔다. 그곳에선 자전거가 가장 빠른 교통수단이었다. 비가 와도 탔다. 내가 자란 독일 북부의 작은 마을은 비가 많이 오고 바람이 세차게 부는 지역이다. 그래도 나는 매일 자전거를 타고 등교해야 했다. 다른 친구들은 대부분 비가 오는 날이면 부모님이 학교까지 차로 데려다 주시곤 했지만, 우리 부모님은 비옷 입고 자전거 타고 가라고 말씀하실 뿐이었다. 십대 땐 촌스럽게 비옷을 입고 다니는 게 너무 창피해서 집 앞에서 출발해 첫 번째 모퉁이를 돌자마자 벗어 버리기 일쑤였다. 물론 그러면 학교에 도착했을 땐 물에 빠진 생쥐 꼴이 되어 있었다(웃음).

독일에서와 한국은 자전거 환경이 상당히 다를 텐데.
서울에 도착한 순간 더 이상 자전거를 탈 수 없겠다는 느낌이 확 왔다. 서울은 도로가 자전거를 타기엔 안전하지 않다고 사람들이 말해줬고, 그냥 보기에도 차가 너무 많았다. 그런데 어느 날 동네를 탐험하다가 중랑천을 발견했다. 한강으로 흘러드는 하천인데 천변에 자전거 도로가 나 있는 걸 본 이후로 종종 자전거를 타고 한강까지 나갔다. 그 길을 따라 옆에는 드넓은 간선 도로가 이어져 있기는 하지만, 그래도 북적이는 도심에서 잠시나마 벗어나 기분 전환을 할 수 있는 공간을 찾았다는 느낌이 들었다. 지금 사는 흑석동은 한강이 매우 가깝고 우리 집은 한강에서 1km밖에 떨어져 있지 않다. 그래서 정말 감사하게 생각한다. 서울에 사는 동안 결코 놓치고 싶지 않은 게 바로 그 부분이다. 아무래도 나는 물을 너무 좋아하는 듯하다(웃음). 아마 독일의 내 고향 마을이 바다에 인접해 있었기 때문인지도 모르겠다.

당신이 ‹바이시클 프린트›를 위해 촬영한 사진도 한강을 배경으로 한다.
자전거를 타고 자주 한강으로 나가기 시작했을 때 나는 거의 항상 카메라를 챙겨 갔다. 예를 들어 강의 양쪽을 잇는 육중한 다리로 들어가는 고가 차로의 규모와 크기는 언제 봐도 놀랍다. 한국에서의 첫 몇 년간은 특히 한강 둔치에 놀러 나온 사람들이 아주 흥미롭다고 생각했다. 요 몇 해 사이 한강 둔치는 도시 개발계획에 따라 더욱 세련되게 바뀌었는데, 새롭게 모여들기 시작한 사람들은 다 비슷비슷하다는 느낌을 받는다. 갈수록 더 그런 것 같다. 그러나 6~7년 전 내가 한강에서 마주친 사람들은 단조로운 도시 생활에서 도망쳐 나온 것처럼 보였다. 말하자면 그곳은 마치 도시에 적응하지 못하는 사람들의 비밀 은신처인 듯이 느껴졌다. 요컨대 당시 내가 본 한강은 하위문화의 소굴이고 패배자와 아웃사이더들의 놀이터였는데, 이는 분명 서울시 정부가 원하는 방향과는 한참 동떨어진 모습이었을 게다. 하지만 나는 내 작품이 그러한 일탈을 조장하는 메시지를 전한다 해도 개의치 않는다. 가령 ‹노인의 생활› 뮤직비디오에는 노년 커플이 한강 둔치에서 통닭을 낳는 다소 기괴한 신이 나온다. 물론 지금까지 한강에서 닭이 태어난 경우는 아마 별로 없겠지만, 그와 같은 장면들이 보여 주는 괴이한 분위기는 몇 년 전까지 그 공간에서 만날 수 있었던 수많은 '이상함'을 응축하고 있다.

이번에 촬영한 사진은 당신에게 어떤 의미인가?
내 영상 작업, 특히 뮤직비디오는 대개 상당히 익살스럽고 때로는 괴기스럽기까지 하지만 사진 작업은 대개 비교적 진지한 관점을 취한다. 여기 소개하는 사진 몇 장은 ‹바이시클 프린트› 이번 호를 위해 특별히 촬영한 따끈따끈한 작품들이다. 한강 주변의 거대한 구조물과 (자전거를 타는 사람의 관점에서 본) 인간의 흔적이 서로 대비를 이루며 관계를 맺는 사진이다. 이 사진들은 내게 초창기 서울 생활과 한강 주변에 대한 첫인상을 추억하고 기념하는 의미가 있다.

닐스 클라우스(Nils Clauss) 2005년 말부터 서울에 거주하고 있는 독일 출신의 촬영감독, 사진작가. 독일, 오스트레일리아, 홍콩, 한국에서 영화 촬영과 시각 문화를 공부했으며 도시 공간과 건축을 주제로 한 영상 및 사진 프로젝트에 주력해 왔다. 직접 감독한 단편 다큐멘터리 ‹북쪽에서의 오케스트라 기동연습›의 촬영을 최근에 마쳤고, 공동 연출했다. 노르웨이 밴드 로익솝의 뮤직비디오 ‹노인의 생활›은 2011년 칸 국제광고제의 사치앤사치 신인 감독 쇼케이스에서 상영됐으며 같은 해 영국 뮤직비디오 어워드에도 출품됐다. www.nilsclauss.com

PD2
PD3
PA4

GP3

P

TOKYO

2
4
0

'자전거 왕국' 도쿄의 거리에는 달리는 자전거뿐만 아니라, 서 있는 자전거도 엄청나다. 인도 빈틈에 잠깐 주차한 자전거부터 전용 주차장 거치대에 일렬로 주차한 자전거까지. 사진가 민경현이 도쿄 중심가에서 자전거 주차 풍경을 찍었다.

T3

사진: 민경헌(242~259P)

도쿄 자전거 주차장
도쿄 나카노에 위치한 대규모 자전거 주차장. 도쿄 도심에는 노상 주차장 외에 지하 주차장, 기계식 주차장, 공동 주택 전용 주차장 등 많은 자전거 주차장이 설치되어 있다.

일본 자전거산업진흥협회 자료에 따르면 일본에는 약 7천 2백만 대의 자전거가 돌아다닌다(2007년 기준). 인구 대비 1.8명당 1대의 자전거를 보유하고 있는 셈이다. 일본의 자전거 교통분담률은 2004년 기준 14%로 네덜란드(27%)와 덴마크(18%)에 이어 세계 3위다(OECD 통계).

교통수단 분담률: 5km 내 거리를 어떤 이동수단을 통해 이동하는가에 대한 척도.

교통 수단으로서 자전거가 무시할 수 없는 지위를 가지면서, 수십 년 전부터 일본은 자전거와 관련한 다양한 법규를 마련하고, 도심에 자전거 시설을 설치하고 정비하는 데 많은 노력을 기울여 왔다.

도쿄의 자전거 주차장도 그중 하나다. 자전거 이용자와 보행자 모두에게 환영받는 쾌적한 자전거 주차장은 자전거를 보관하는 기능을 넘어 한 도시를 자전거 친화적이게 한다. 이러한 사소한 인프라가 도시 전체의 이미지를 바꿀 수 있다고, 전문가들은 지적한다. 도쿄 도심의 다양한 자전거 주차 시설을 돌아보면, 여러 종류의 주차 시설에 보관된 엄청난 수의 자전거에 놀라고, 그럼에도 무단주차 자전거가 많다는 사실에 또 한번 놀란다. 2007년 기준, 무단주차 자전거는 1981년에 비해 3분의 1로 줄었으나 여전히 적지 않은 자전거가 아무렇게나 방치된다.

높은 자전거 보급률과 교통분담률의 이면에 도심 자전거 주차문제라는 중차대한 과제가 버티고 있다.

↑ **실외 자주식 자전거 주차장, 나카노**
도쿄 각 구는 대단위 주차시설을 의무적으로 설치해야 한다. 2007년 6월 도쿄시는 자전거 주차 공간 의무화 관련 조례를 지정했다.

↓ **실내 자주식 자전거 주차장, 나카노**
도쿄의 경우 주차장 건립 비용은 대부분 도쿄시가 부담하고 민간에게 위탁하는 방식으로 운영한다. 민자 유치를 통해 주차장을 건립하는 경우도 있다.

定期シールを
お求めの方は
係員に申し出て下さい
北口駐輪場満車
中野西駐輪場を
未納料金!
未納料金は各駐輪場ごと
係員が勤務中に精算
して下さい。
勤務時間外の場合は、
禁
PCに悪
Windows XP

자전거 주차관리원. 자전거 주차장을 현장에서 운영하는 사람들이다. 나카노에 위치한 대형 주차장에서 일하는 관리원에게 인터뷰를 청했다. 5,000여 대 자전거를 주차할 수 있는 이곳에서 그는 가장 고참이라고 한다.

당신이 하는 일은 무엇입니까?
보시다시피, 자전거 주차장에서 자전거 관리를 하죠.

어떻게 이 일을 시작하게 됐나요?
정년퇴직 후 직업입니다.

하루 일과는 어떻습니까?
아침 6시 반부터 오후 1시까지, 오후 1시부터 저녁 7시까지 2교대로 나눠져 있어요. 하는 일은 주차권 판매와 주차장 정리정돈입니다. 그 외 사무실에서 서류를 작성하지요.

자전거 주차관리원은 일본에만 있는 직업인 듯합니다만.
다른 나라에는 있는지 없는지 모르겠지만, 일본은 거리의 미관까지 생각해서 자전거 주차장을 만들었다고 생각합니다. 누군가 정리정돈을 해야 하지 않겠어요?

혹시 자전거 도둑이 많아서?
자전거 도난은 비교적 적습니다. 도난당했다고 해도 타고 가다 길에 버리는 정도입니다. 그 자전거는 일주일에서 열흘 정도면 도로 찾을 수 있어요.

도난을 방지하기 위해선 어떻게 해야 할까요?
철저하게 잠그는 수밖에 없습니다. 확실히 잠가야 하고, 될 수 있으면 이중으로 잠금 장치를 해 놓으면 도난은 줄어들 거라고 생각합니다.

재미있었던 에피소드가 있습니까?
일반 자전거 크기보다 1.5배 정도 넘는 자전거를 타고 온 손님이 있어서 좀 곤란했어요. 거의 누워서 타는 자전거였는데 맞는 거치대가 없어서 한쪽 구석에 주차시켜 놓았죠.

일본인에게 자전거는 일상 생활의 한 부분인 것처럼 보입니다.
통근, 통학 때문에 자전거를 이용하는데, 좋은 건지 안 좋은 건지 잘 모르겠지만 저는 좋다고 생각합니다. 자동차보다 자전거가 간편하기 때문이죠.

일본 사람은 자전거에 얼마나 친화적입니까?
일본 사람은 비교적 물건을 소중히 다룹니다. 당연히 자전거에 친화적이죠. 거칠게 다루지 않고 소중히 오래 타기 위해 마음을 쓰지요.

개선해야 할 점은 무엇이라고 생각하나요?
자전거 역시 흉기가 될 수 있기 때문에 매너를 지켜야지요.

자전거를 가지고 있나요?
네, 있습니다.

어떤 종류인가요?
'마마차리'입니다. 어떤 건지 아시겠어요?(마마차리는 일본에서 가장 대중적인 자전거로 핸들 앞쪽에 바구니가 달린 기어 없는 자전거. '엄마자전거'란 뜻)

그 자전거를 산 이유는 무엇입니까?
몇십 년 전부터 집에 자전거가 있었습니다. 특별히 산 이유를 말하라고 하면, 글쎄요. 통근하는 데 아주 편하게 이용하고 있습니다.

사진 및 인터뷰 진행: 민경현
민경현은 도쿄에서 활동하는 프리랜서 사진가다.

↑ **자전거 주차관리원**
대부분 정년퇴직자들이 자전거 주차관리원으로 일한다.

↓ **기계식 자전거 지하 주차장, 시부야**
도쿄에서는 자전거 주차 관련 예산의 32% 정도를 주차장 건설에, 40%를 주자창 운영에, 28%를 방치 자전거 처리에 사용한다. 2011년 기준, 자료는 도쿄시.

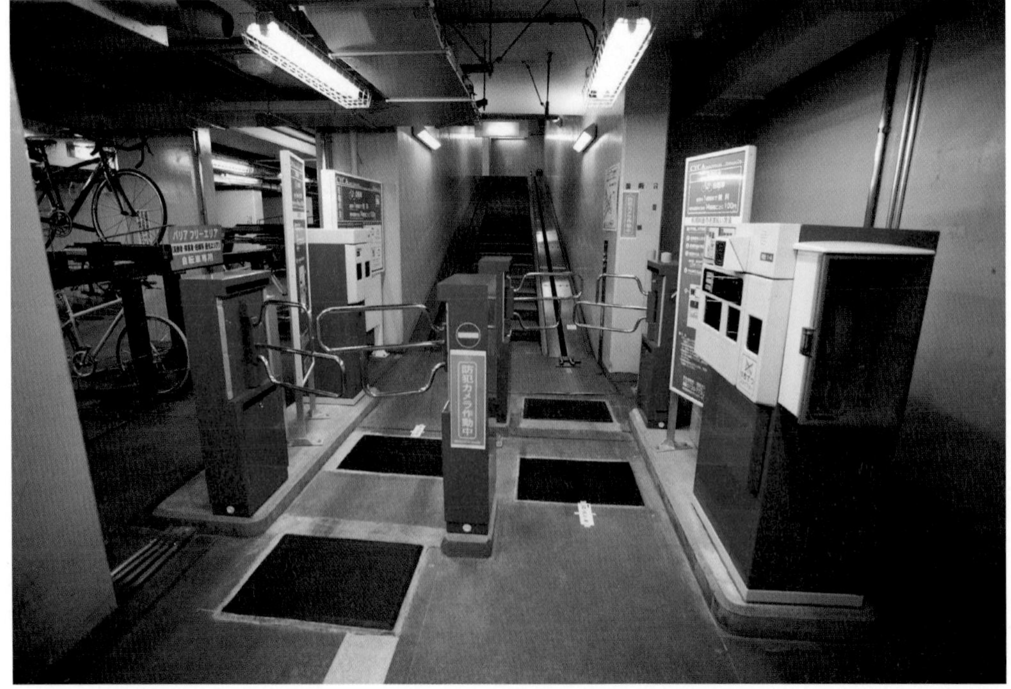

노상 자주식 자전거 주차장(무인), 신주쿠 동쪽 출구
도쿄시는 자전거 무단 방치 문제를 해결하기 위해 금지 장소에 주차된 자전거와 장기 방치한 자전거를 정기적으로 견인한다. 과태료는 3천 엔이다.

精算機
NCD
0120-3566-21
管理番号:0859
防犯警報装置付
精算機
PASMO
渋谷区
自転車
2時間まで無料
12時間ごと
(無料時間を含む)
100円
奥までカチッと
番号を押して精算
24時間OPEN
ご利用規約
Eco Station21
千駄ヶ谷駅第一自転車駐車場
NCD
0120-3566-21
ご利用上のお願い
カギを忘れないで…
スタンドは立てないで…
ラック外にはとめないで…
特殊な形状の自転車は
ご利用いただけません
幅広
小径
特殊
上記のような車両を入庫され、
車両の破損や出庫が出来なくなった場合
一切の責任は負いかねます。
NCD

← **노상 자주식 자전거 주차장, 시부야**
이용 비용은 1일 1회 100엔.

노상 자주식 자전거 주차장, 신주쿠
보행로에 설치한 노상 자전거 주차장. 지방자치단체는 일정 규모 이상의 자전거 보관대, 자전거 주차시설을 의무적으로 설치해야 한다.

→ 자전거 무단 방치 금지 표지판 일부, 신주쿠
↓ 자전거 방치금지 경고 스티커

↖ **하라주쿠, 신주쿠(나머지)**
버스정류장과 상가 주변에는 자전거 통행 수요가 많아
연간 수백만 대의 자전거가 무단주차한다.

着なくなったお洋服
高く買い取ります
BUY & SELL
予約不要　3Fお買い取りフロアへお持ちください

↑ **노상 자주식 자전거 주차장, 시부야**
인적이 뜸한 이면도로에 위치한 편의점 등지에는 자전거 주차 유도선을 그어 놓아 이용자 편의를 돕는다.

↓ **복층 구조 자전거 보관대**
주택가에 드문드문 설치되어 있다.

↑ **기계식 자전거 주차장**
비용은 1개월 정기 1,800엔(학생 1,000엔),
3개월 정기 4,900엔(학생 2,700엔).

↓ **경찰서 자전거 보관대, 시부야**
경찰관 자전거의 캐비닛에는 서류와 필기도구 등이 들어 있다.

무인 자전거 보관대, 신주쿠

자전거와 지하철의 환승 효과를 올리기 위해서는 지하철역 부근에 자전거 주차장을 설치하는 일이 중요하다. 사람들은 자전거를 타고 와서, 이곳에 주차시키고 지하철을 타고 일터로 간다. 도쿄의 대표적인 자전거 풍경이다.

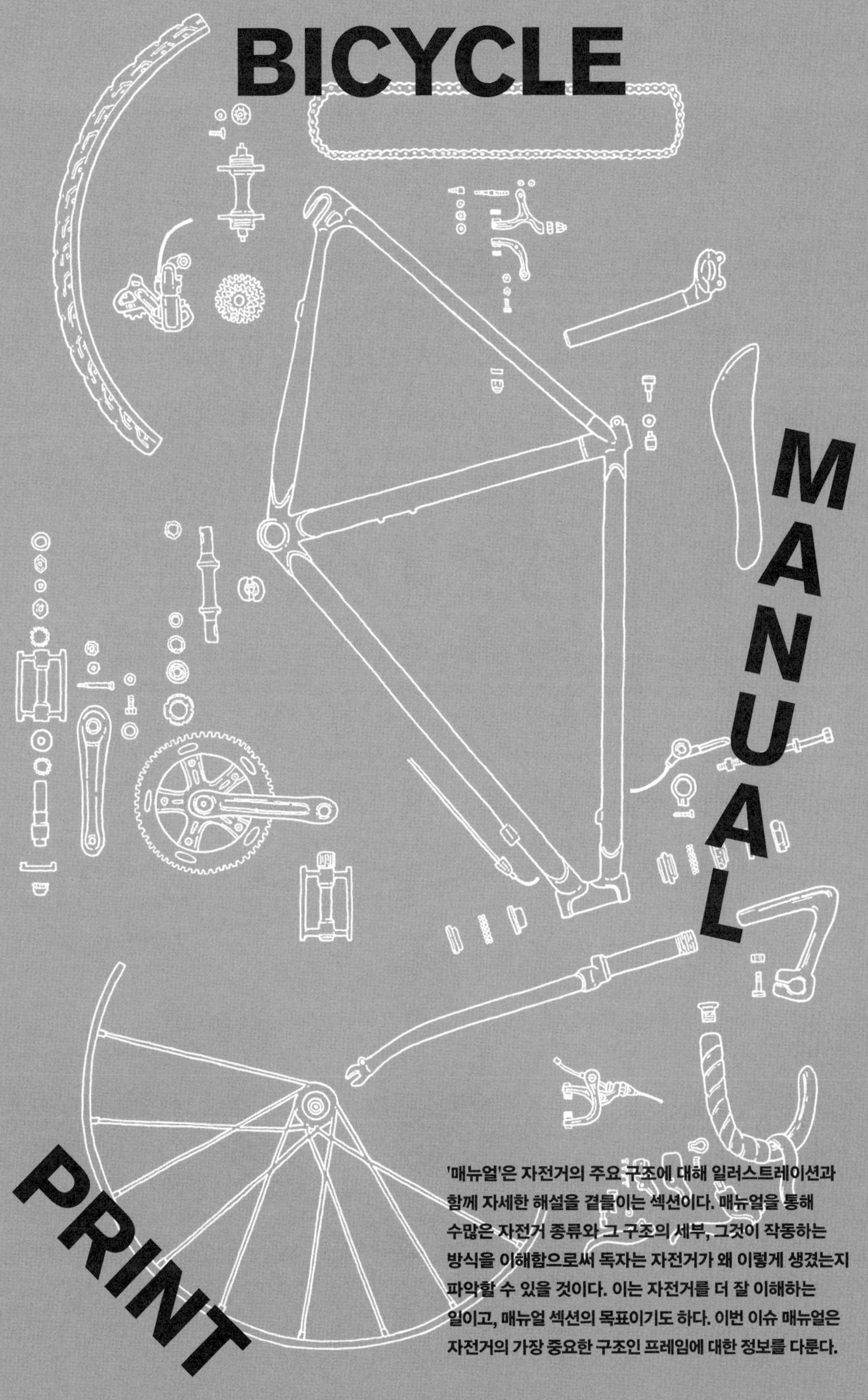

'매뉴얼'은 자전거의 주요 구조에 대해 일러스트레이션과 함께 자세한 해설을 곁들이는 섹션이다. 매뉴얼을 통해 수많은 자전거 종류와 그 구조의 세부, 그것이 작동하는 방식을 이해함으로써 독자는 자전거가 왜 이렇게 생겼는지 파악할 수 있을 것이다. 이는 자전거를 더 잘 이해하는 일이고, 매뉴얼 섹션의 목표이기도 하다. 이번 이슈 매뉴얼은 자전거의 가장 중요한 구조인 프레임에 대한 정보를 다룬다.

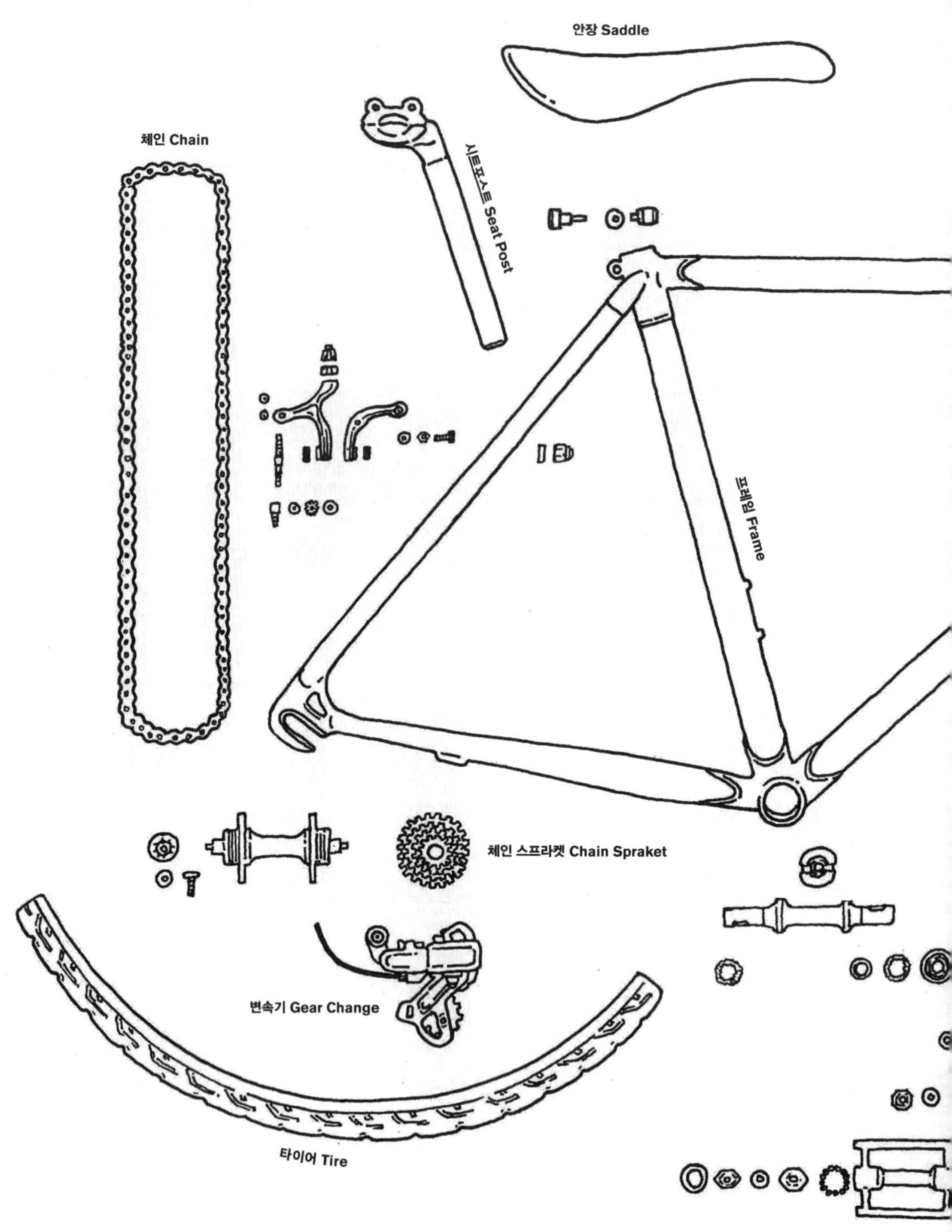
안장 Saddle
체인 Chain
시트포스트 Seat Post
프레임 Frame
체인 스프라켓 Chain Spraket
변속기 Gear Change
타이어 Tire

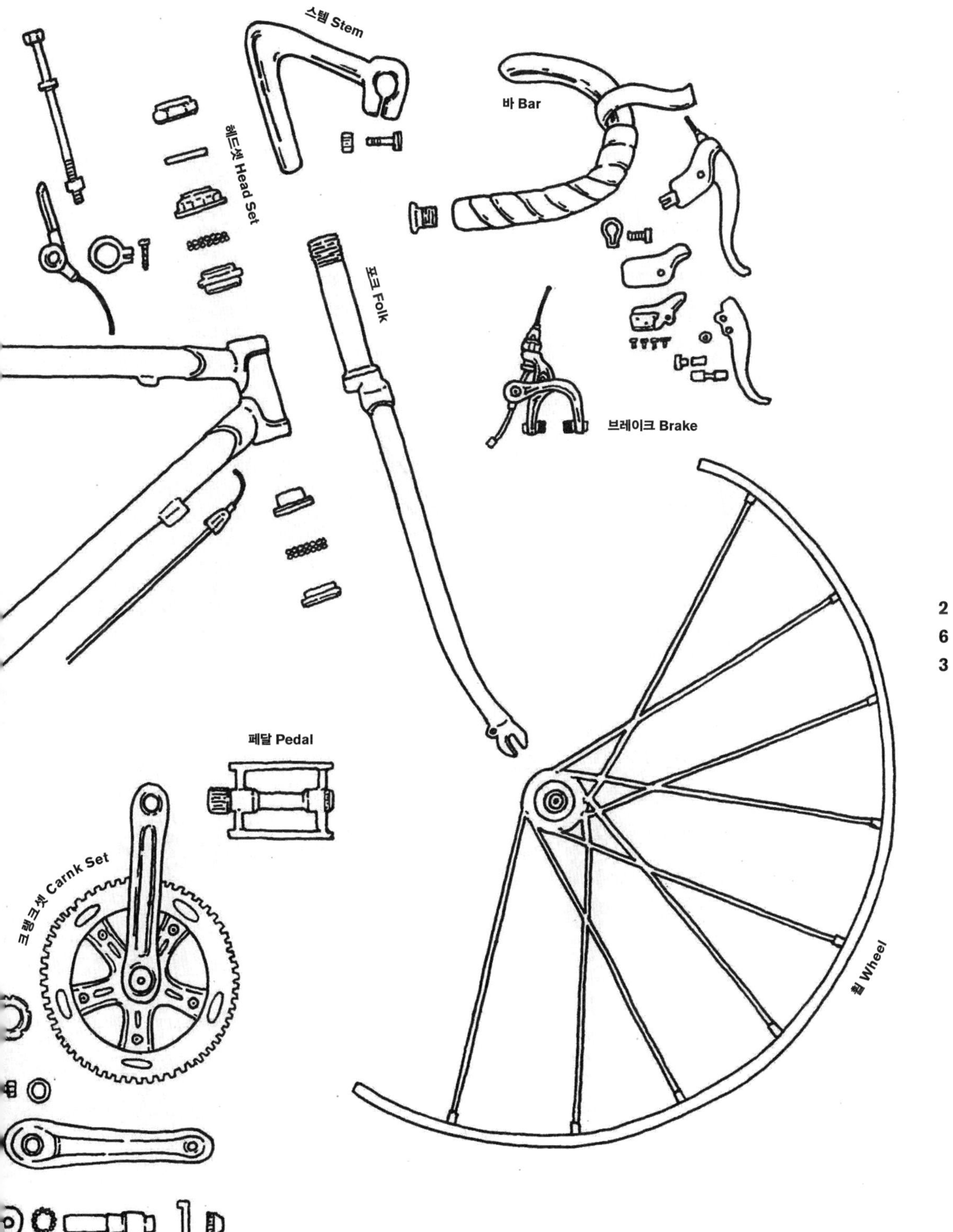
스템 Stem
바 Bar
헤드셋 Head Set
포크 Folk
브레이크 Brake
페달 Pedal
크랭크셋 Carnk Set
휠 Wheel

바이시클 프린트

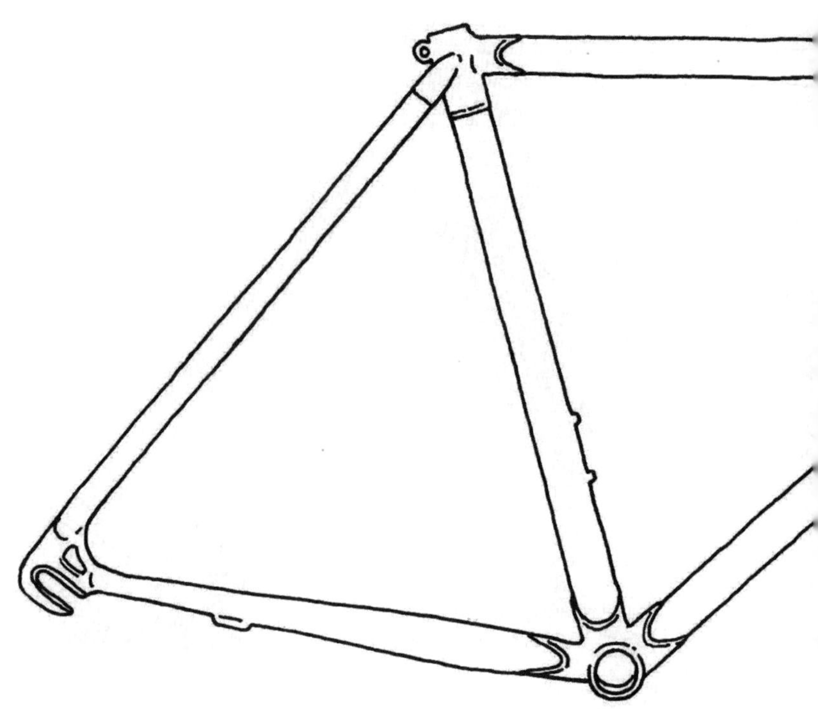

BICYCLE PRINT

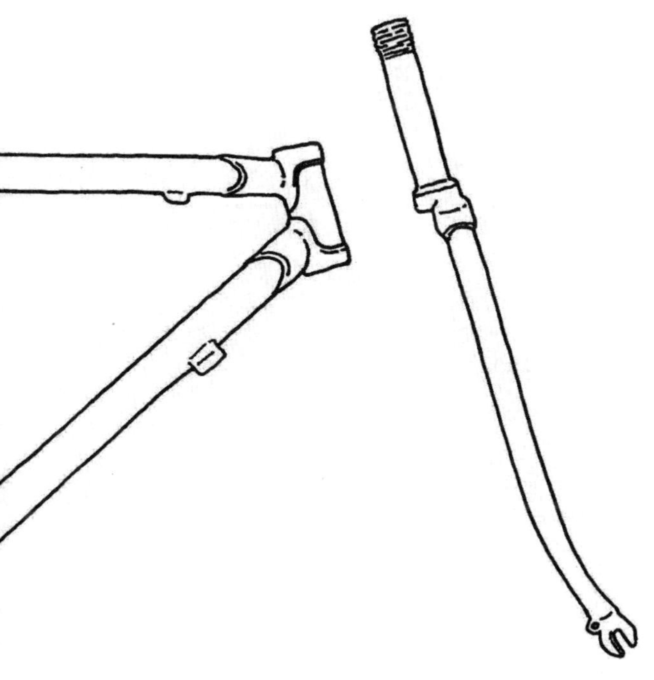

프레임 Frame

자전거의 기능과 외양을 결정짓는 가장 중요한 구조이자 부품이 프레임이다. 자전거를 이루는 거의 모든 부품과 연결되고, 자전거 몸체를 지지하는 구실을 하기 때문이다. 프레임의 가장 기본적인 형태는 두 삼각형이 격자 모양으로 이어진 다이아몬드형 프레임으로 이는 기하학적 으로 가장 완벽한 형태로 일컬어진다.

다이아몬드 프레임은 19세기 말 등장한 이래 지금까지도 자전거 프레임의 표준으로 자리 잡고 있다. 자전거의 종류와 용도는 다양하나 거의 모든 자전거 프레임은 다이아몬드 프레임 혹은 그 변형이라고 봐도 무방하다. 프레임은 일반적으로 자전거 용도에 따라 크게 다섯 가지로 분류된다. 로드 자전거, 산악자전거인 엠티비(MTB) 자전거, 고정기어 자전거, 비엠엑스(BMX) 자전거, 다인승(탠덤) 자전거가 그것이다. 이들 기종에는 각각 용도에 적합하도록 설계된 프레임이 달려 있다. 또 프레임을 만들 때 사용하는 재료의 종류 및 강도에 따라 프레임은 각각의 종류 안에서도 무척 다양한 형태를 가진다.

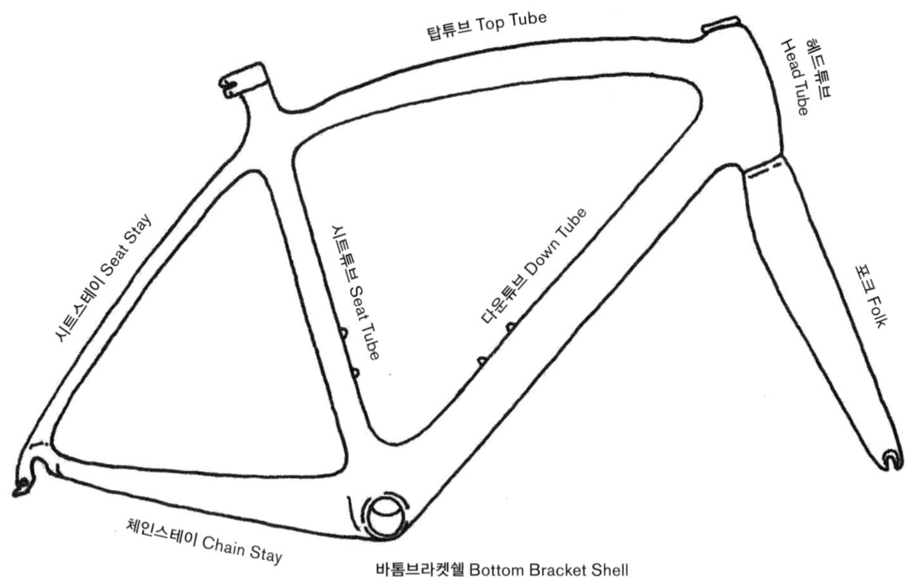

로드 프레임 Road Frame

도로 주행용 자전거인 로드 자전거 프레임. 일반적인 로드 프레임 구조는 시트튜브와 헤드튜브의 각도가 73°, 체인스테이 길이는 420mm 정도다. 헤드튜브 각도를 완만하게 설계하면 직진성이 좋아져 빨리 달릴 수 있으나 조향성이 나빠진다. 따라서 로드 바이크는 속도와 조향이라는 두 가지 기능을 적절히 만족시키는 현재의 구조를 갖게 되었다. 다른 자전거와 마찬가지로 대량생산되는 '알루미늄'으로 제작되는 경우가 많으나, 고전적으로 크로몰리 재질을 사용하거나 경기에서 좋은 성적을 거두기 위해 카본이나 티타늄 등의 첨단소재로 제작하는 경우도 있다.

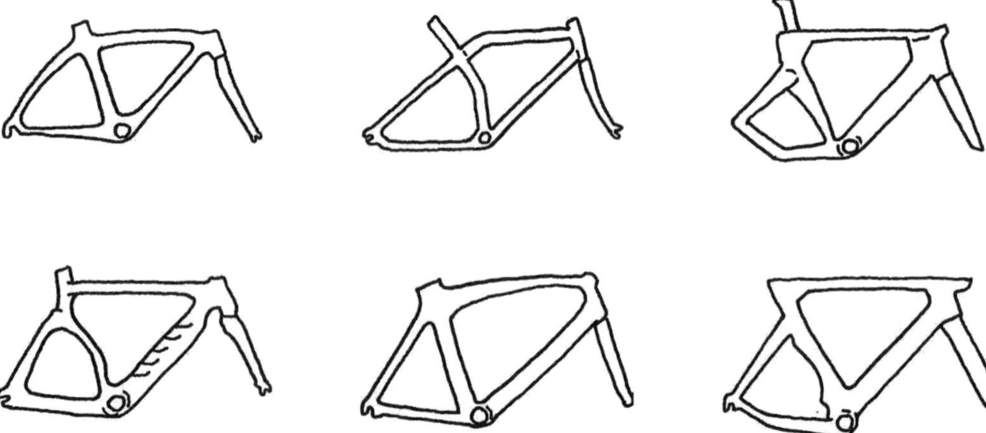

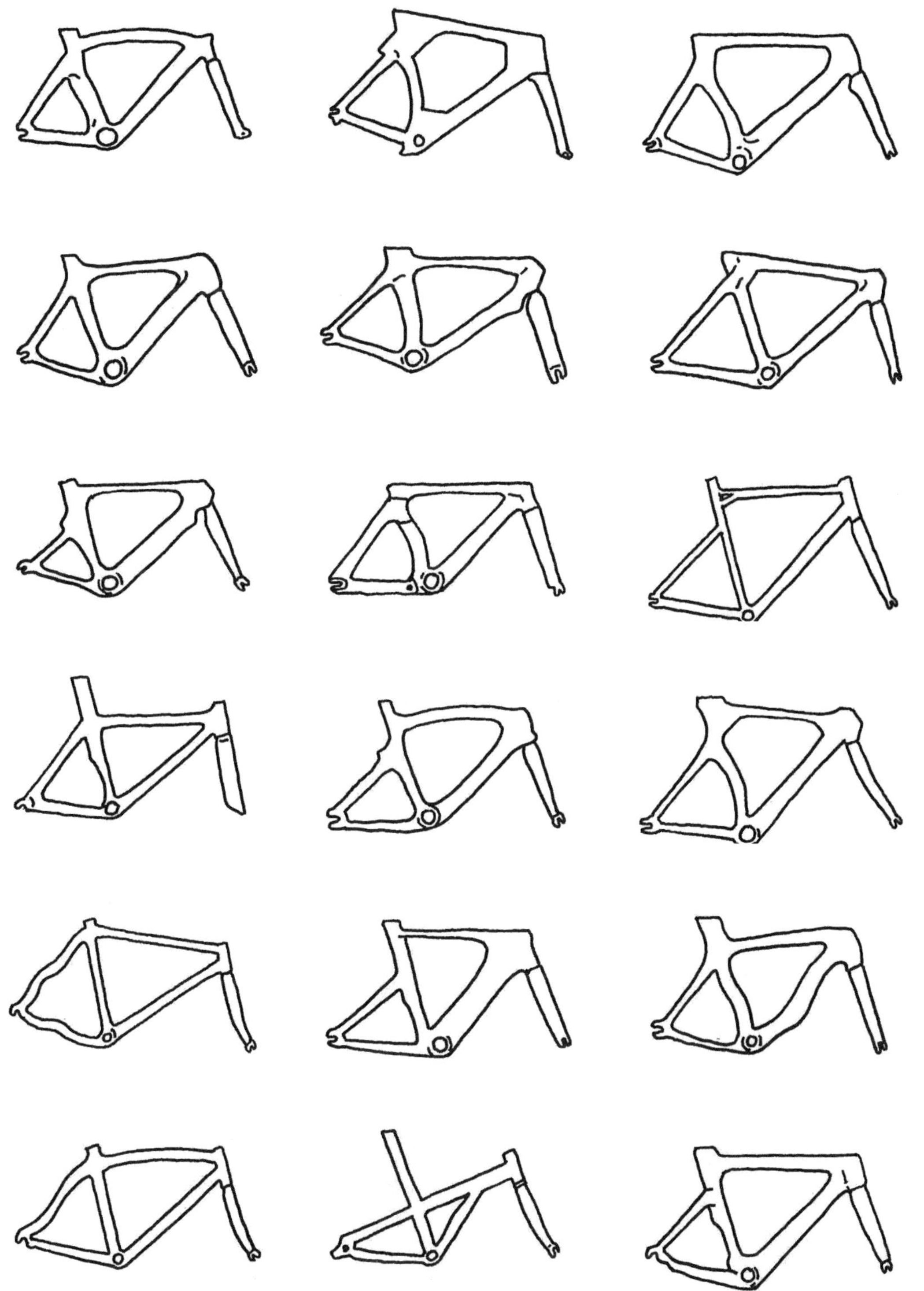

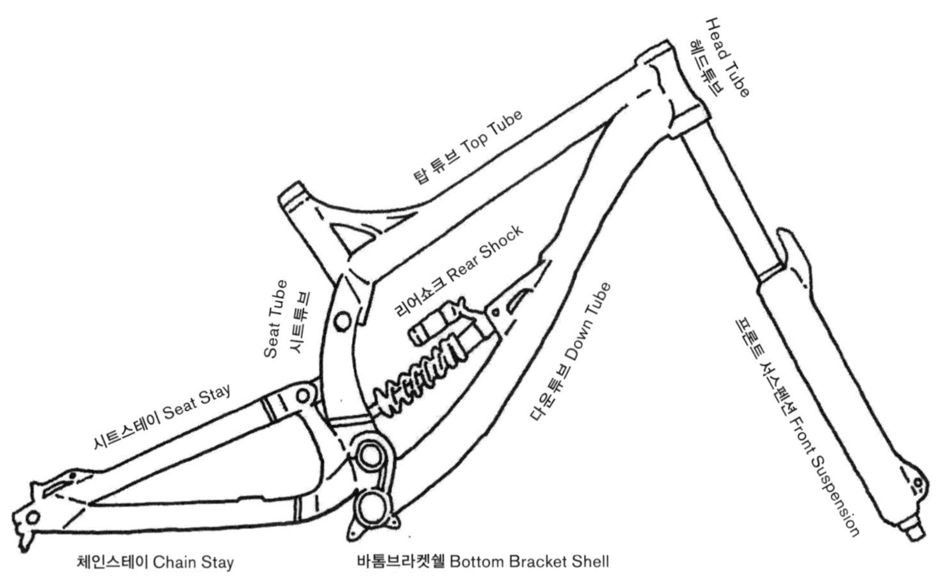

엠티비 프레임 MTB Frame

산악지형에서 오르내리기 쉽게 고안된 프레임이다. MTB 프레임은 로드 프레임과는 다르게 공기저항 보다는 업힐과 다운힐 할 때 무게중심을 쉽게 변화시킬 수 있는 구조를 가졌다. 노면의 충격을 흡수하는 장치인 서스펜션의 유무와 그 위치에 따라 프레임 형태와 종류가 달라진다. 서스펜션이 앞바퀴와 연결될 2
때 탑튜브는 뒤로 기운 구조가 된다. 험로에서는 페달이 6
땅에 닿기 쉬우므로 크랭크의 중심인 바톰브라켓을 8
올려야 하고 이에 따라 페달 위치도 올라간다. 알루미늄과 카본을 가장 많이 사용하나 강도를 위해 티타늄을 사용하기도 한다.

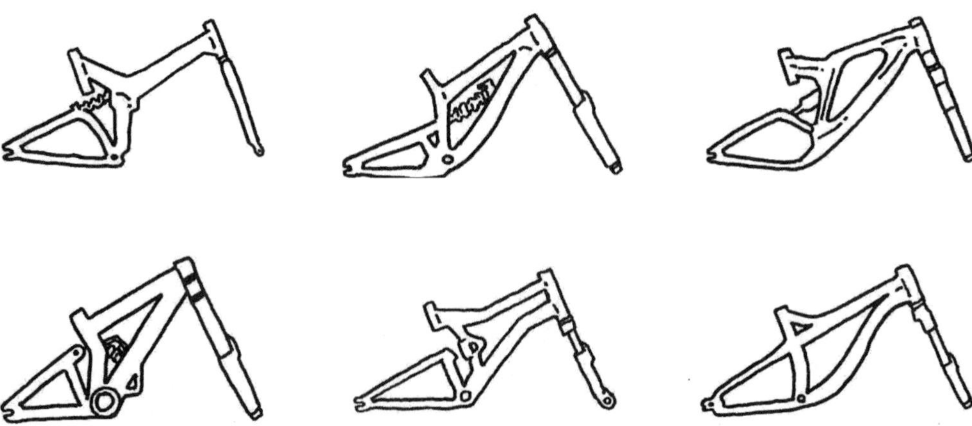

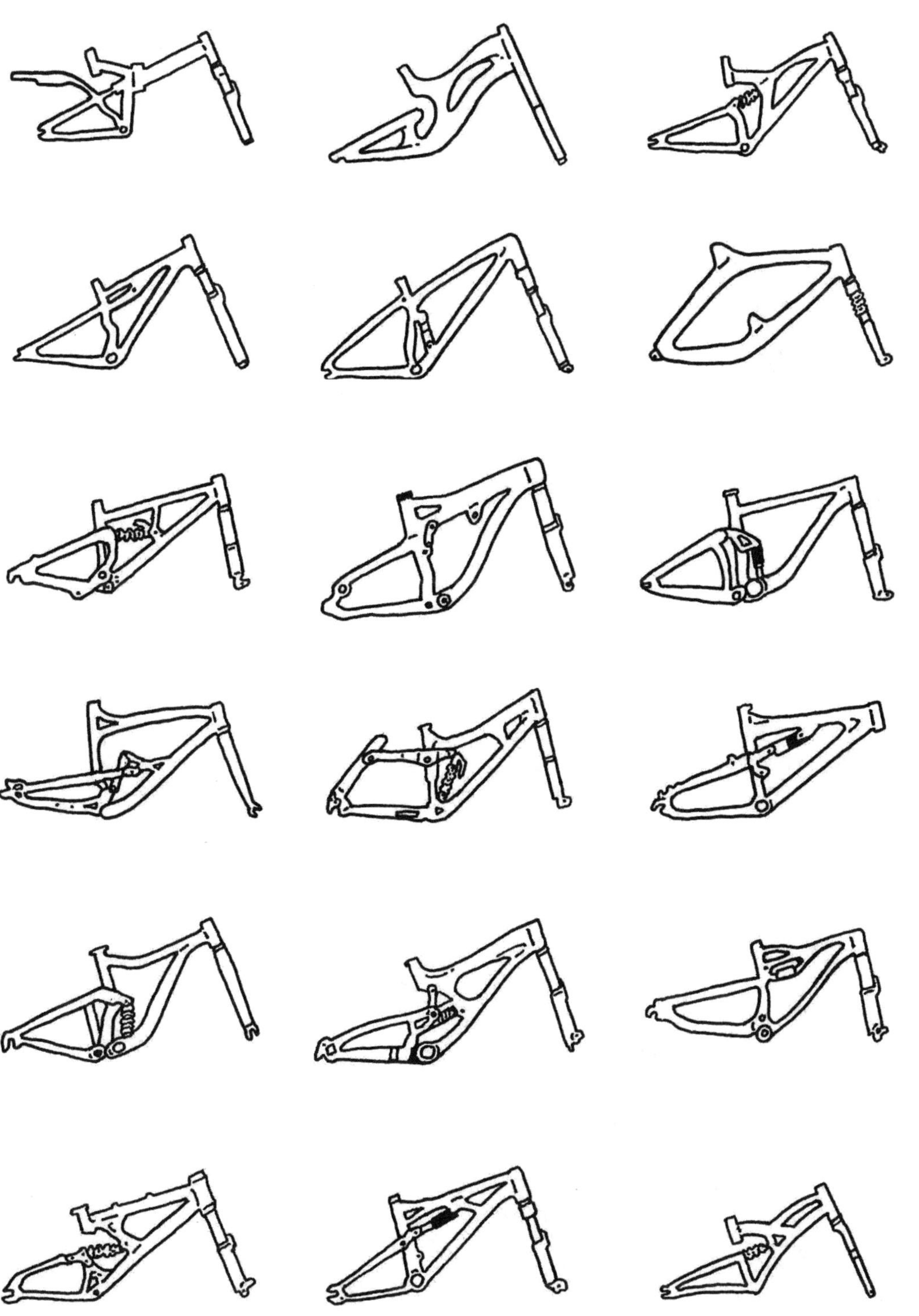

탑튜브 Top Tube
헤드튜브 Head Tube
시트스테이 Seat Stay
시트튜브 Seat Tube
다운튜브 Down Tube
포크 Folk
체인스테이 Chain Stay
바톰브라켓쉘 Bottom Bracket Shell

고정기어 프레임 Fixed Gear Frame

트랙 경주와 묘기(트릭)용 자전거인 고정 기어에 사용하는 프레임. 기어가 하나이기 때문에 변속기나 다른 장치가 필요 없어 자전거의 원형에 가장 가까운 단순한 모양새를 가진다. 재료를 효율적으로 사용할 수 있는 수평 탑 구조가 가장 흔하다. 최근 이른바 '픽시'(픽스트 기어의 줄임말) 트렌드는 고정 기어 자전거의 기능성보다는 외관과 같은 심미적 요소의 영향도 적지 않다. 소재로는 파이프 두께를 얇게 만들어 경량화시킬 수 있는 크로몰리를 자주 사용한다. 최근에는 카본 프레임이 늘어나는 추세다.

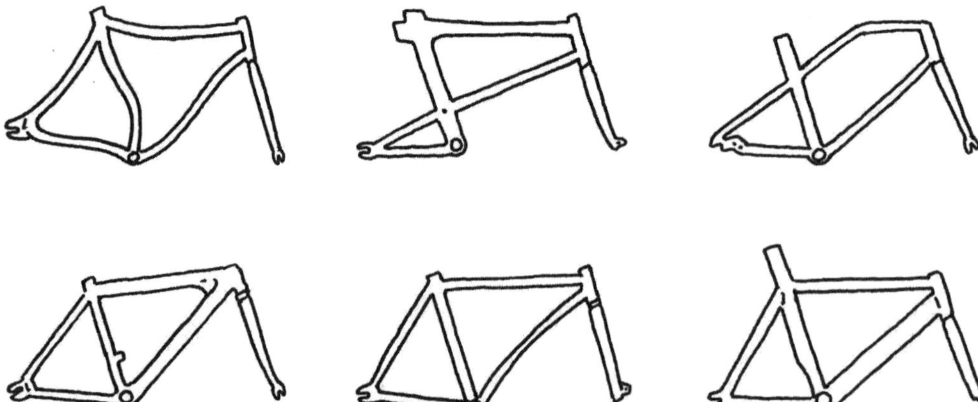

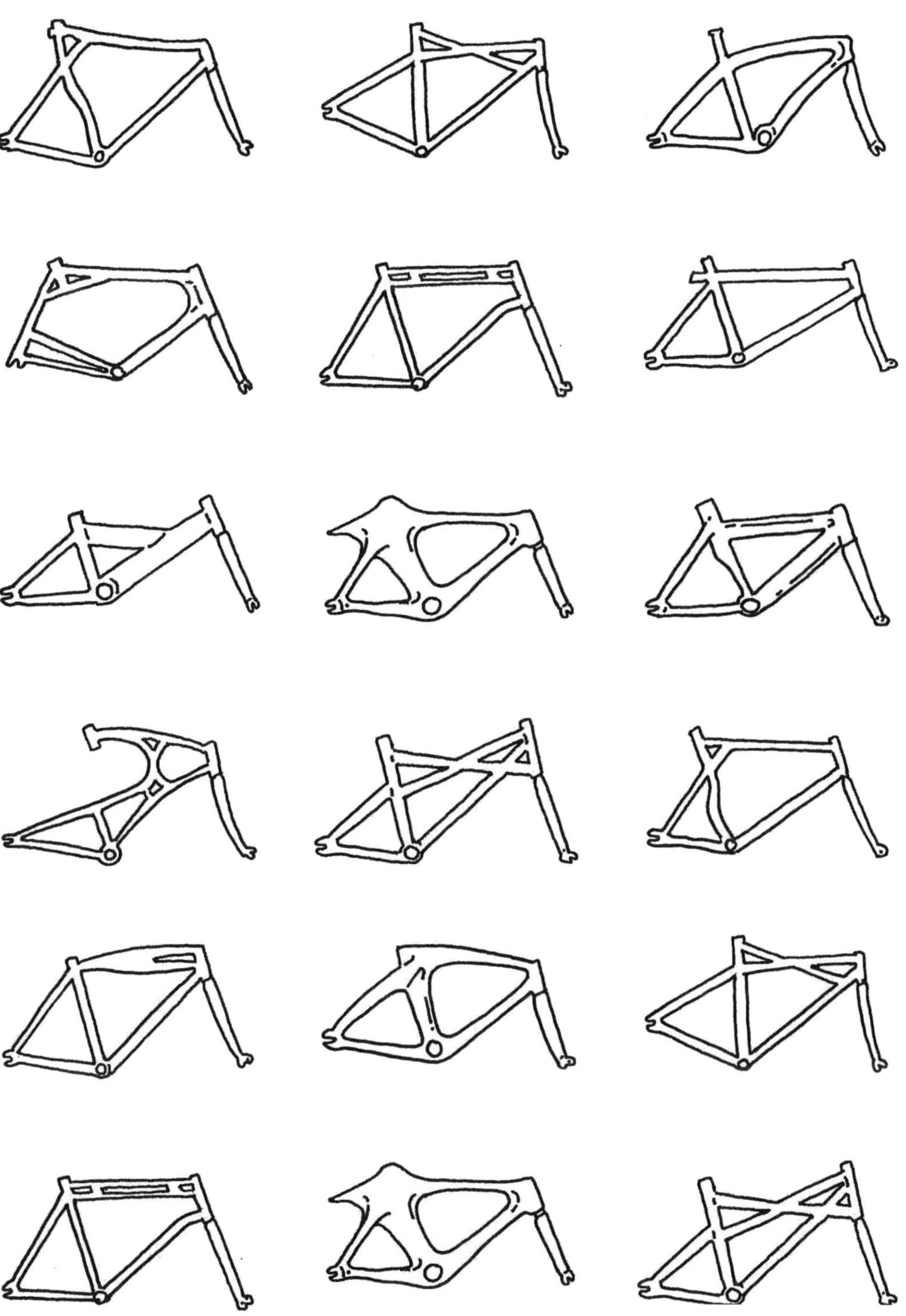

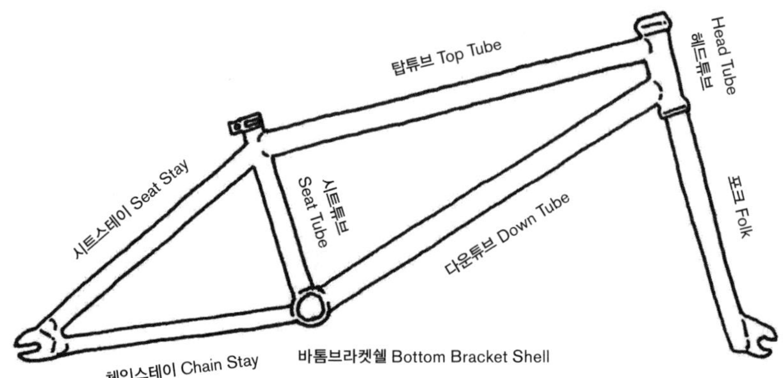

비엠엑스 프레임 BMX Frame

트릭(묘기)용 자전거 프레임. 달리기 위한 자전거인 로드 자전거보다 프레임 위치가 아래에 있어 안정성이 높다. 조향을 쉽게 할 수 있도록 프레임 차체의 폭이 좁다. 자이로(gyro)라는 장치가 있어서 앞브레이크를 장착하고도 핸들 바의 360° 회전이 가능하다. BMX 프레임과 부품은 보통 자전거보다 더 큰 충격을 견딜 수 있도록 강하게 만들어진다. 격렬한 움직임과 스트레스를 견디기 위해 크로몰리 재질의 파이프를 상급 모델에 많이 사용한다.

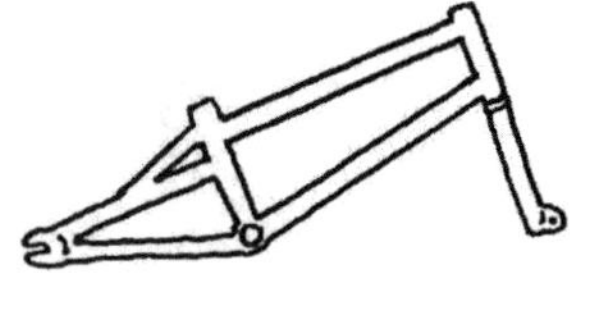

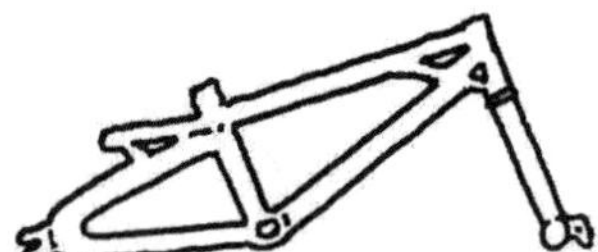

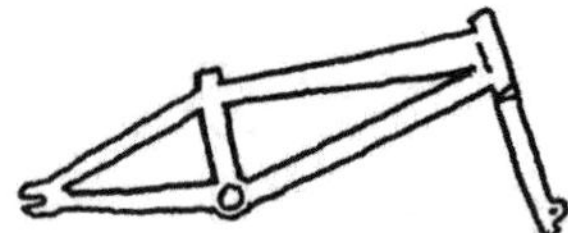
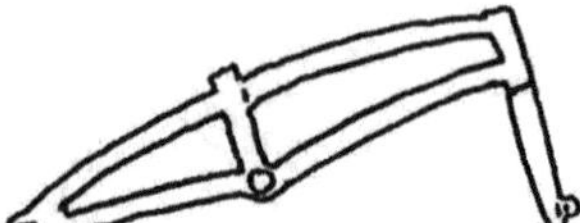

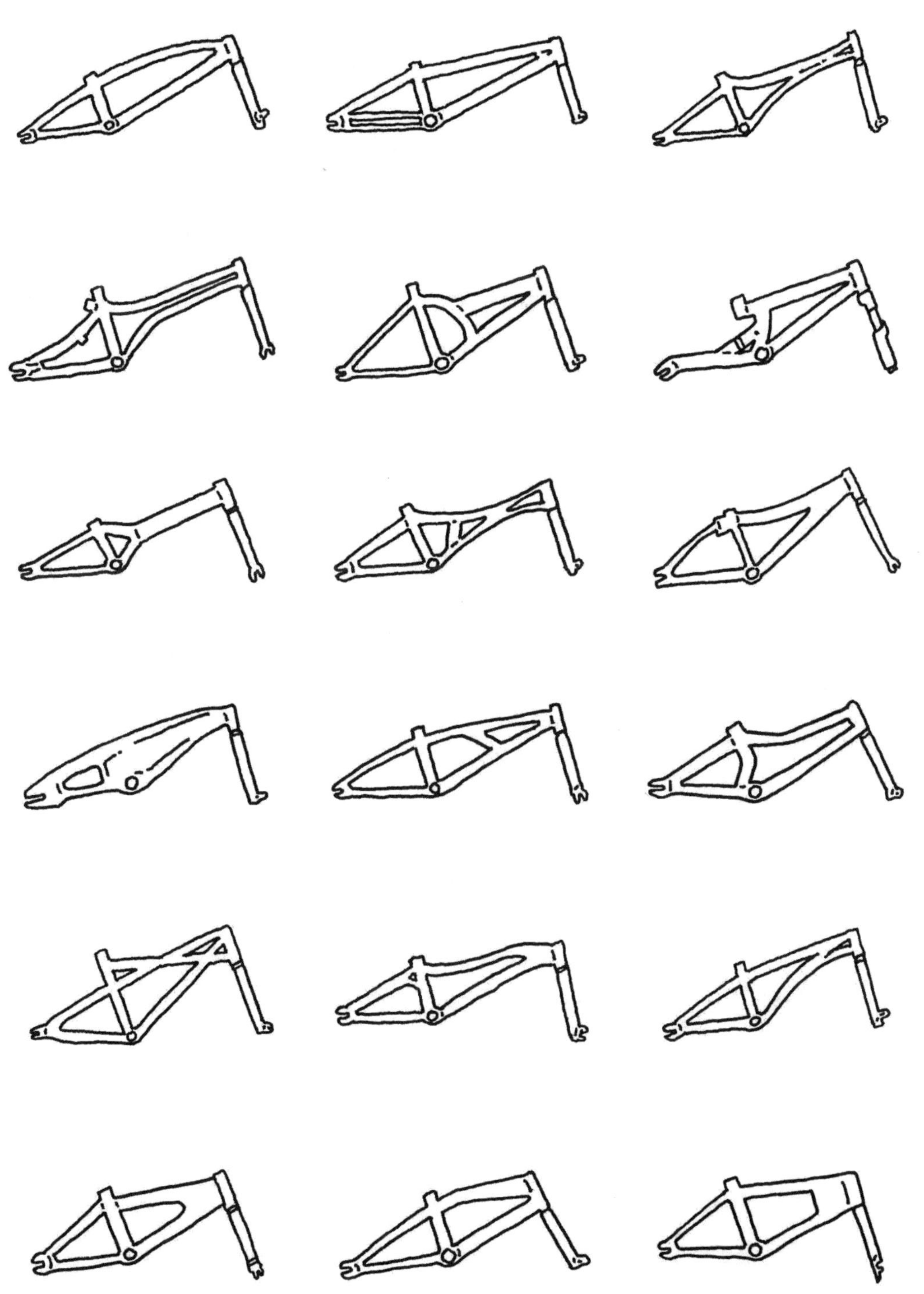

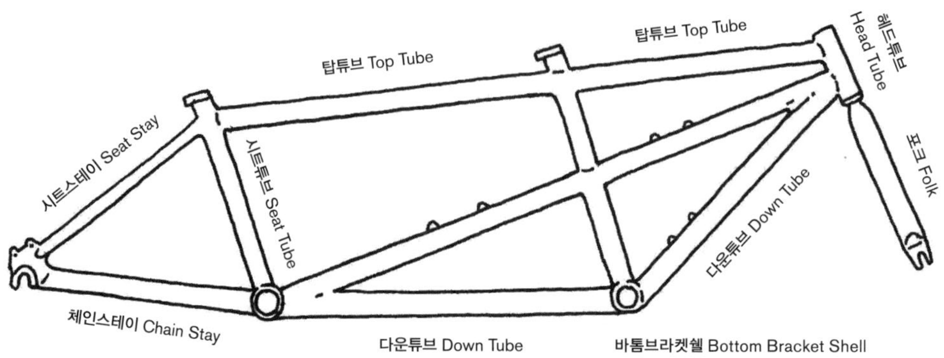

탠덤 프레임 Tandem Frame
다인승 자전거를 위한 프레임. 탑승 인원은 구조에 따라 두 명에서 네 명까지 다양하다. 두 대(혹은 그 이상)의 자전거가 연결되어 있으나 기본 구조는 로드 프레임과 비슷하다. 앞 자전거를 흔히 프론트 바이크, 뒤쪽 자전거를 리어 바이크라 한다. 소재는 강도가 높아야 하기에 크로몰리를 많이 사용하나 유원지나 공원의 여가용 탠덤 자전거는 저가의 일반 알루미늄 소재를 사용한다. 탠덤 자전거는 장애인과 동승하기 위한 자전거로 개발되었다고 알려졌다.

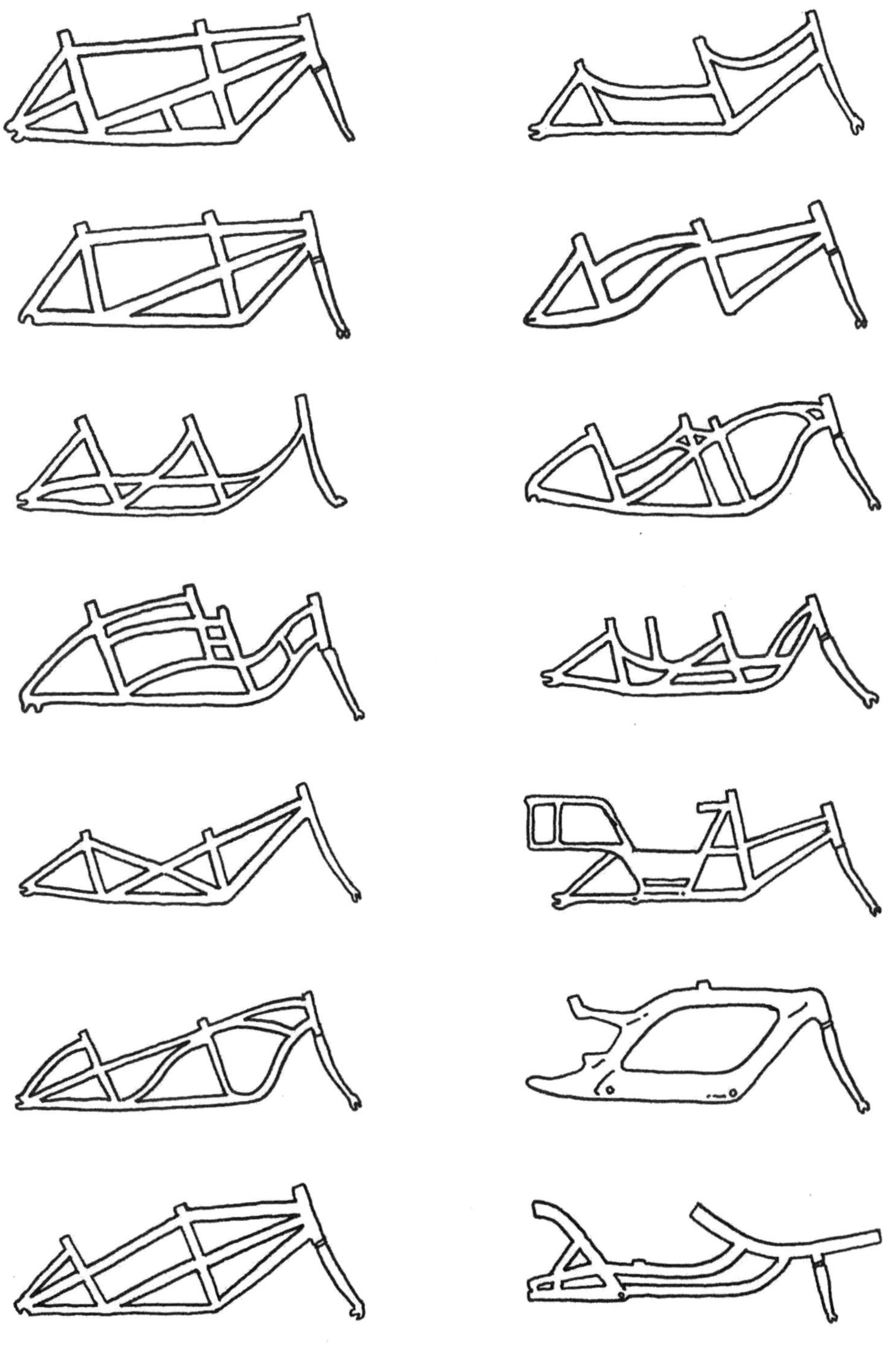

도움: 김두범(두부공 www.dooboogong.com)